普通高等学校工业设计&产品设计“十四五”规划教材

产品创意思维与表现

白晓宇 ◎ 著

西南大学出版社
SWUP
国家一级出版社 全国百佳图书出版单位

图书在版编目（CIP）数据
产品创意思维与表现 / 白晓宇著. -- 重庆 : 西南大学出版社, 2025. 2. -- ISBN 978-7-5697-3030-2
Ⅰ. TB472
中国国家版本馆 CIP 数据核字第 20259QN648 号

普通高等学校工业设计 & 产品设计“十四五”规划教材
产品创意思维与表现
CHANPIN CHUANGYI SIWEI YU BIAOXIAN
白晓宇 著

总 策 划：龚明星
执行策划：袁　理
责任编辑：袁　理
责任校对：戴永曦
装帧设计：穆旭龙
排　　版：黄金红

出版发行：西南大学出版社（原西南师范大学出版社）
地　　址：重庆市北碚区天生路 2 号
网上书店：https：//xnsfdxcbs.tmall.com

印　　刷：重庆长虹印务有限公司
成品尺寸：210 mm × 285 mm
印　　张：7.75
字　　数：271 千字
版　　次：2025 年 2 月第 1 版
印　　次：2025 年 2 月第 1 次印刷
书　　号：ISBN 978-7-5697-3030-2
定　　价：65.00 元

本书如有印装质量问题，请与我社市场营销部联系更换。
市场营销部电话：(023) 68868624　68253705

西南大学出版社美术分社欢迎赐稿。
美术分社电话：(023) 68254657

前言 +

FOREWORD

“在古代学校里，哲学家们渴望传授的是智慧，而在现代学校，我们降低了目标，教授的是学科。从神圣的智慧——这是古人向往的目标，沦落到学校教授知识——这是现代人追求的目标，标志了多少世纪以来教育上的一种失败……”

“教育的全部目的就是使人具有活跃的思维。”

——《教育的目的》怀特海

怀特海在他的《教育的目的》一书中写道，他心目中的理想教育——一所大学不仅仅是一个传授知识的地方，还应该是培养创造力的地方。传授知识只是教育最基本的目标，除去知识以外，应该还有更崇高的目标值得追求，譬如说如何去获取未知，如何去开启心智，如何去创造新思想等。教育不应只是往木桶里注水的过程，而应是不断向外流淌创造之泉的过程。还记得圣·埃克叙佩里写的《小王子》这本书吗？在书中他以一个小孩子的身份告诉我们一个绘画天才是怎样被大人们扼杀的。

这是什么？

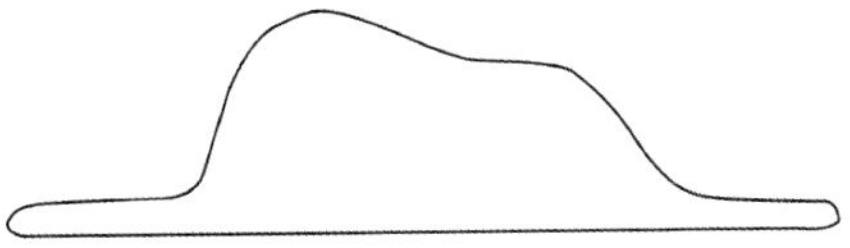

大人们看到的是一顶帽子，而他画的却是吞噬掉大象后的巨蟒。他努力地把自己的想法解释给大人听，得到的却是不解和嘲讽。从此以后他再也不画画了。创造力、创造性思维，从学校时代开始就受到了社会的限制并逐步被别的东西所取代。我们可以看看右侧关于创造力的调查：

年龄组	使用创造力的百分比
幼儿园	95% ~ 98%
小学、初中	50% ~ 70%
高中、大学	30% ~ 50%
成人	小于 20%

从表中数据我们可以看出，创造力是和人的年龄成反比的。随着年龄的增长，我们的创造力逐渐被人们从生活中“删除”，只留下了创造力的皮和剥剩的空壳。那么，是什么束缚了我们的创造力呢？就是过度追求秩序的思维。有一句格言是这样说的：“生活的一半是秩序，另一半是混乱。”我们在社会中有针对性地学会了有秩序、符合逻辑的思想，周围的社会环境也十分注重这样的能力。我们从小就被教育要听大人的话，如果矫枉过正则会导致事事循规蹈矩、死板木讷，在这种环境下长大的孩子自然离创造力越来越远。

在产品设计的过程中，有人认为只要拥有严谨的思维、精密的计算和先进的科学技术就可以了，与创造力的关系不大。但产品设计真的不需要创造力吗？答案显然是否定的。任何领域都需要创造力，特别是在工业设计的领域里，我们还处在起步阶段，就更需要有更多的拥有创造力的设计师。我们看看下面一组数据，中国在 2002 年就有 500 多个艺术设计学院，而德国只有 22 所，我们是他们的 20 多倍，在设计领域，我们仍需向德国学习。一提到德国设计，我们头脑中首先浮现的就是优良的设计和较高的品质。而中国呢？有人说中国没有什么工业设计，我们基本上都是在模仿国外的设计，缺少创新的含量，这样的印象过于绝对，是有失偏颇的，但一定程度上反映了中国设计面临的严峻问题，值得我们深刻反思。在国际上提到“中国设计”，大部分人想到的都是批量化生产的“中国制造”，在这里把设计和制造等同起来，是我们设计的缺位和失职。

我们的社会需要创造力，我们的教育需要创造力，我们生活中的方方面面都需要创造力。创新可以使我们的生活更加丰富多彩。发现自己新的创造力，挖掘潜在的巨大能量，将会使我们在以后的工作和生活中做得更出色。所以，本书邀请你参加一项轻松的心灵之旅，可以放松你的大脑，释放你的心灵，摆脱你的传统思维，激发你的创造力。

目录

CONTENTS

二维码资源目录

二维码资源目录

1

第1章

产品设计中创意思维的重要性

第一节　思维决定成败

不同的思维方式决定不同的人生，思维决定成败。

人借助于思维将自己的本质力量对象化，因此设计与思维在产品设计的过程中是一个完整的概念。“设计”是前提，限定了思维的范畴，“思维”是手段，借助于各种设计表现形式。

美国全国教育协会在《美国教育的中心目的》一书中提道：“强化并贯穿于所有各种教育目的的中心目的——教育的基本思路就是培养思维能力。”世界一流的大学不是训练一个人的智商，而是启发智慧，目的是使他们在快速多变的世界中游刃有余。知识可能会过时，但好的思维却让人终身受用。

产品创意思维是一门培养学生思维方式的课程，其中培养创造性思维，进行创造性实践，取得创造性成果，这“三部曲”可以说是设计师走向成功的必然路径。人们赋予 21 世纪一个明确的定位——知识经济时代，从实质上讲，知识经济首先指的是不同于农业经济、工业经济的新型经济形态，同时也涵盖了一种与之相适应的新的思维方式、生活方式和工作方式。从某种意义上讲，创新是知识经济时代最显著的特征，创新能力是知识经济时代最需要的能力。创新是一个民族进步的灵魂，是国家兴旺发达的不竭动力，一个没有创新能力的民族，难以屹立于世界先进民族之林。

第二节　设计改变生活

我们的生活本来很枯燥，因为有了设计，它变得丰富多彩、美丽多姿。（图 1-1）

办公室的工作日复一日，难免产生无聊的情绪。没关系，看到这盆办公室之花，你的心情马上就会变好。这不是一盆普通的用来装饰桌面的塑料花，而是一个办公组合工具。有了它，即使是裁纸、粘贴票据这样琐碎无聊的工作也变得有趣了。（图 1-2）

饿了想吃面包时，找到案板却找不到刀了，切好了面包，刀套又不知哪儿去了，真麻烦！没关系，有了这款案板与刀的组合，什么时候都能很容易地找到小刀，也不用担心找不到刀套了，切好了随时都可以把刀重新插回去，方便极了（图 1-3）。无独有偶，这款 Prooagandaw 公司设计的果盘也运用了同样的方式，果盘的把手里面就放着一把水果刀，切完水果后直接就可以把刀放回原位，非常方便（图 1-4）。

约了朋友去沙滩玩，准备今天就对她表白，可是怎么也开不了口！那有什么大不了的，买双拖鞋，它就会帮你把要说的话说出来。（图 1-5）

因为有了设计，连打苍蝇这样恶心的事都变得乐趣无穷了。菲利普 · 斯达克设计的苍蝇拍改变了我们的生活，同时也改变了我们的观念：只要有设计，无论多痛苦的事也能变成一种乐趣。

图 1-1

图 1-2

图 1-3

图 1-4

图 1-5

图 1-6

图 1-7

因此设计首先不是对产品的设计，而是对人类的生活方式的设计，优良的产品设计能够提供高品质的生活方式。（图 1-6）

现在越来越多电器经常会遇到电源线扭曲的情况，时间一长稍细些的电线就很容易折断，从而形成触电的隐患。国外的一家公司针对这种情况别出心裁地推出了可以转动的电源插口，360° 随意转。这样就很简单地解决了这个问题，让我们生活得更加便利。（图 1-7）

这个人形的东西是什么？大部分人看了以后会说，不就是一个衣服架子嘛，没什么特别的。这可不是一般的衣服架子，而是专门挂浴袍的，是一个能自动加热的衣服架子，这样在寒冷的冬天洗完澡后就可以直接穿上暖暖的衣服了，考虑得十分周到。（图 1-8）

冬天吃饭的时候你是否遇到过这样的问题：才吃了几口，饭菜就已经凉了，于是又热菜又热饭，吃了几口，又凉了，真是麻烦透了。看到这些扁平的盘子了吗？它们可是你的救星，有了它们，冬天就再也不用为饭菜的反复加热而伤脑筋了。这套用树脂材料做成的盘子采用的是电磁感应原理，可以自动充电、自动加热。你可以将需要加热的或者刚做好的食物放在上面，它能将食物温度控制在 45° ，不会再变冷。这个温度既可以加热食物又不会烫伤使用者。它会使

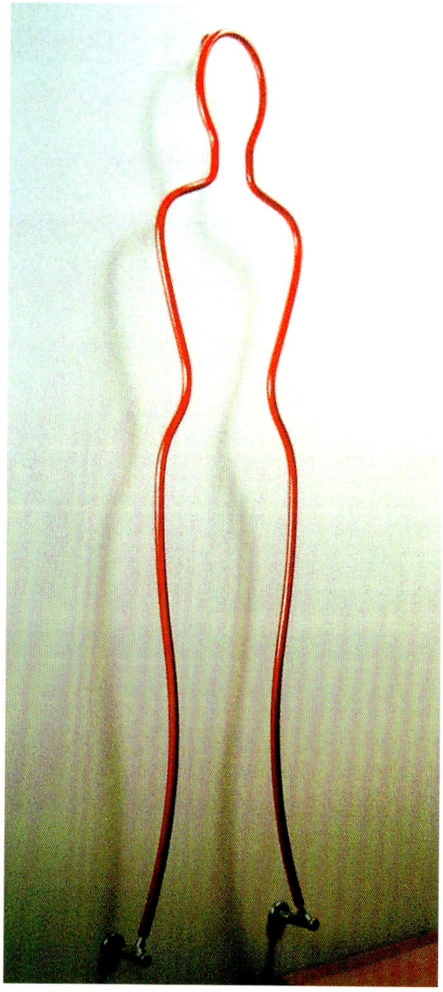

图 1-8

你的厨房变得比以前更加简单，让你感觉做饭也是一种享受。（图1-9）

再看看未来我们的家里会出现什么样的产品吧！

在以前，手机还只是一个打电话、发短信的工具，仅仅几年以后，随着智能手机的上市、发展，只要有网络，就可以用手机购物、听音乐、看电影、处理文件…… 手机已经不仅仅是打电话的工具了，同时还是MP3、电视机、电脑……

在2020年日本GOOD DESIGN AWARD（优良设计大奖）中，一款智能家庭机器人吸引了大众的注意，这个名叫LOVOT的机器人是一个培育“爱”的家庭型机器人。它不仅有迷人又可爱的外观，能四处走动，还会和主人进行眼神交流。LOVOT追求的不是效率和便利性，而是通过先进的感知和执行技术，与使用者进行交互，让我们的生活充满正能量，感受到在家庭中的关怀和温暖，可见，在未来，机器人除了充当工具的作用之外，更多的是充当家人的角色，情感关注会更多地出现在我们的生活中。

还有……

还有……

只要有设计、有创意，就能让我们生活得更加舒适。（图1-10至图1-15）

图1-9

图1-10

码1-1 Robotica机器人

图1-11

图1-12

图 1-13

图 1-14

图 1-15

2

第 2 章

创意思维原理

第一节　跳出传统的思维定式

近年来，“思维”一词使用率越来越高，且经常和创意联系在一起。什么是创意思维？“创意思维”是一种打破常规、开拓创新的思维形式，创造之意在于想出新的方法，建立新的理论，做出新的成绩。

设计思维的核心是创意思维，没有创意思维就没有设计，整个设计活动过程就是以创意思维形成设计构思并最终生产出设计产品的过程。但是真正实现“创意”还需要相当长的一段路要走，任何创新的孕育与实现，都离不开一个积极健康的社会环境。然而，我们长久以来置身于一种既定的体制之中，致使我们的思维空间里充斥着各式各样的守旧观念。比如：

认为现在的产品和技术已经完善，不需要再创新。

怕失败，怕别人嘲笑。

习惯按老规矩办事。

只愿意跟着别人干，不愿意自己创新。

认为这种改变太激进了。

成本太高了。

我们以前就做过了。

这不是我们的问题。

我们现在也挺好的。

……

在这种传统观念的影响下，人们感到一切变动似乎都显得不必要，一切创造性都是可有可无的。我们应该跳出传统的思维定式，意识到传统不是用来打破和拆解的，而是用来延续和超越的。认识到延续比打破更为重要，那就不会过分迷信自我创造了。大家经常提到“我们知道的，他们早就知道了”“总以为自己是独创，但是其实前人已经做出来了，而且做得比自己更好”的观点，所谓的传统的压力和张力便在这里了。严格地说，可以看成自己特有的东西几乎是微乎其微的，任何单凭特有的内在与自我去面对无限的世界的行动都会是无止境的摸索。人类史上最伟大的发明是什么？有人说答案是轮子。为什么？因为从第一个轮子被设计出来以后，它的基本外形就没有变过，但是类似于轮子这种近乎完美的创造性设计实在是太少了，大部分的设计都还在改良。针对现有事物的材质、用途、尺寸等进行调整，所需的脑力不亚于新发明，有时候甚至会比新发明还耗脑力。所以我们在做产品设计的时候只要能表达一点点的不同，就有体验不尽、创作不尽的材料了，而且时常是新鲜有力的东西。（图 2-1、图 2-2）

比如图 2-3，你看到的是什么？大部分人看了后会觉得画的是箭头、水龙头，或是像钉子之类的图案。但是当我们得到提示之后再仔细看，会很容易地发现其实是一组字母“FLY”。那为什么我们在一开始没有看出来呢？这就是因我们以前的思维定式所造成的。

“众里寻他千百度，蓦然回首，那人却在，灯火阑珊处。”这是我国宋代诗人辛弃疾的诗句，诗人用朦胧优美的语言写道：我在人群中寻找她千百回，猛然一回头，不经意间却在灯火零落处发现了她。这也是由我们的思维定式造成的，我们思考问题总是沿着一个方向，一条路走到头，没有想过会从另外的一个方向来思考这个问题。我们从小到大看到的图案都是白底黑图，所以当我们看到图 2-3 时，头脑里的思维定式理所当然地就认为该把黑色的图案辨识出来，于是就出现了箭头、水龙头等符号。当我们打破了头脑里的思维定式以后，我们才恍然大悟，原来飞翔（FLY）是如此的容易，与我们是如此的接近，只要我们一回头，就可以轻而易举地展翅高飞了。

图 2-1

图 2-2

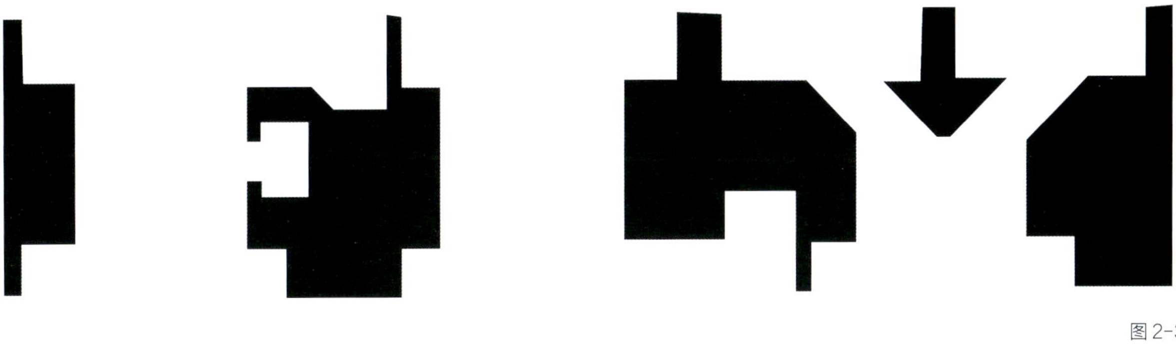

图 2-3

如图 2-4，我们看看怎样才能找到这个迷宫的出口。

图 2-5 所示的这些解决方案都不是标准答案，事实上，它们连答案都算不上。在创意思维的世界里，没有标准，也没有答案，只有可能。能想到最多可能性的头脑，就是最有创意的头脑，也就是最具有创意潜能的头脑。

图 2-4

图 2-5

第二节　创造性与再造性

怀特海在《教育的目的》中有这样一段话："一所大学是充满想象力的，否则它便什么也不是……只有最高管理机构采取克制的方式，牢记不可用管理普通商业公司的条例和政策来管理大学，那时，我们的现代大学教育体制才能够取得成功。"

我国所推行的知识教育更多的是培养人们从事非创造性的"再造性"活动。独创力的培养属于能力开发的范畴，培养人们面向未来，从事具有创造性质的开拓性工作。一般说来，如果一项活动只是依靠吸收、模仿、学习等重复的过程，而不具有某种变革和突破，则属于再造性的活动。再造性活动是一种基本上利用现有的知识和经验，或者只做一定程度的调整就能完成的活动，其特征是遵守规则、规范，不许节外生枝、随意改变。再造性活动占人类活动总量的绝大部分，它量大面广，与绝大多数人休戚相关。譬如常规生产、各种工艺要求以技术文件等形式下达给操作者，操作者严格执行，这样才会生产出与标准样品完全一样的合格产品。如在农业生产中，人们日出而作、日落而归，春播、夏作、秋收、冬藏，年复一年，代代相传；会计工作中的设置账户、复式记账、审核凭证、登记账簿、成本计算、财产清查、编制会计报表等都是绝对规范而统一的。从某种意义上来讲，再造性活动的实质是追求"把事情做好"，而创造性活动则追求的是"做最好的事"。但是在一般情况下，任何创新都要承担一定的风险。即使一个小小的创新想法，也有可能让你在众人面前丢脸，或者考试不及格。面对这些问题，还有多少人能够有创新的勇气呢？这就是为何我国众多设计学院每年能培养出大批毕业生，而中国设计却始终未能走向世界的根源所在。

表2-1　再造性活动与创造性活动的特征比较

内容	再造性活动	创造性活动
意义	基本上靠传统办法就能完成的活动	必须进行变革、突破才能完成
性质	继承	突破
活动的规范	按老规矩办事	打破老规矩，建立新规矩
作用	维持社会正常运转，保证计划的完成	促使社会达到"质"的跃升
技能来源	学习	探索
学与干的关系	先学后干	干起来学，边干边学
涉及专业	较单一，在所学所属专业范围	较广泛，一般横跨多个专业
非智力因素	意志占突出地位	胆略、意志、进取精神占突出地位
智力因素	记忆占突出地位，知识和经验非常重要	洞察力、想象力、灵感协调配合
思维特点	以逻辑思维为主	逻辑思维与非逻辑思维协调，以后者为主
效果追求	把事情做好	做最好的事情

由表 2-1 可以看出再造性活动和创造性活动的区别，但是同时我们也应该注意到在人类的实践中，"把事情做好"与"做最好的事情"都是缺一不可的。如果一个社会老是进行再造性活动，没有创新，那么社会就会停滞不前；如果一个社会老是进行创造性活动，老是不断创新，没有人去维持社会正常运转，那么社会就会不安定和不稳定。

第三节　扩展创意思维的视角

独创常常表现为打破常规，追求与众不同。要打破常规就要求思维具有批判性；追求与众不同就要求思维具有求异性。富于独创力的人常常用一种近乎挑剔的眼光看问题，并总是能提出与众不同的、罕见的、非常规的想法。

码 2-1 杜尚作品

图 2－6 是画家杜尚于 1913 年发表的一件作品。这件作品将自行车轮倒立放置在木凳上，被命名为“Ready Made”，运用了“达达主义”的表现手法。现代艺术从杜尚之后出现了现成品艺术，杜尚的伟大之处就在于他改变了人们关于什么是艺术品的观念，他认为任何一件东西只要给出一个特定的场所，取一个名字，就是艺术品。从古至今，人们都把达 · 芬奇的《蒙娜丽莎》当圣物般膜拜，但是只有杜尚敢于给她加上胡子，从游戏的角度来看待这幅画。所以我们可以说，杜尚是一个创造性极强的人，他善于思考，善于打破习惯性思维，他一生虽然只创作了 29 件作品，但每一件作品都惊世骇俗，在当时就造成了重大的影响，并且对现代艺术产生了不可估量的作用。

图 2-6

对于创意思维来说，我们平时习惯性的思维是一种消极的东西，它使头脑忽略了习惯性之外的事物和观念。但是对于我们来说，习惯性的思维似乎是很难避免的东西，它就像一副有色眼镜，戴上它，整个世界都是眼镜片的颜色；但是如果脱掉它，我们的世界就会变得模糊不清。

解决这个问题的办法就是尽量多地增加头脑中的思维视角，学会从多种角度观察同一个问题。如果我们头脑中的有色眼镜无法摘除，那么我们可以多戴几副有色眼镜来看待同一个问题。比如我们先戴黄色眼镜，整个世界就是金色的、闪闪发光的；换上蓝色眼镜，世界马上就变了，变成了大海和晴朗的天空；再换上绿色眼镜，世界便呈现出一片生机勃勃的样子；如果再换上灰色眼镜，世界便变得暗沉，生命变成灰色……

这里有一个大家都很熟悉的小故事：

两个老妇人在天堂相遇。一个老妇人说，临死前她终于攒够了买房子的钱，但还没来得及住进去；另一个老妇人说，她临死前终于还清了房子的贷款，而她已经在那栋房子里住了几十年了。

这是一个具有黑色幽默的故事。两位老妇人在看待“金钱”与“消费”的问题上，因为视角的不同，选择了不同的做法，也造成了不同的生活方式。有时候同样的东西在不同人的眼里就成了不同的东西。如一个小便池，在一般人眼里就是一个小便池，但到了杜尚的眼里，它就成了艺术品——《泉》。

我国著名的诗人苏东坡有一首名诗是这样写的：“横看成岭侧成峰，远近高低各不同，不识庐山真面目，只缘身在此山中。”从这首诗中我们了解到，如果要全面地看清楚庐山，仅仅从一个角度去看是远远不够的，因为你每变换一个角度，庐山的面目就变换一次，所以要想看清庐山的全貌，

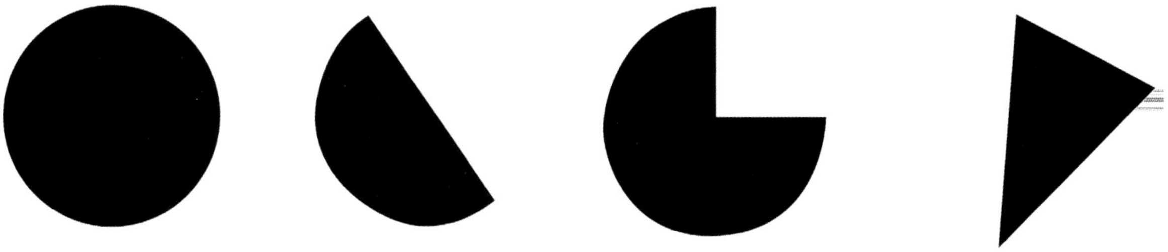

图 2-7

必须从多个角度去看。同样的道理，我们看看图 2-7 的这几个图形，并找出与众不同的一个。

答案是每一个图形都与众不同。因为从不同的角度来看，每一个图形都是独一无二的。但是遗憾的是，很多人在找到一个图形并指出了它的与众不同之处之后，就停止了。再也不去想，是不是还有其他的图形也会与众不同。为什么？是因为我们从小到大所接受的教育告诉我们，问题只有一个标准答案，所以我们在长大后遇到事情，只要找到了一种解决的方法，就停滞不前了。但是在设计上，对待一个问题只从一个角度来看是远远不够的，我们必须要学会从不同的角度来看待同样的事物，这样我们看待问题才能全面，因为设计是没有标准答案的。

我们在设计时可以从以下六个角度来看待和分析问题。

一、肯定的角度

当面对一个具体的事物或观念时，首先我们要肯定它，认为它是好的、正确的。特别是在对待儿童的教育问题上，这种肯定的态度会为你带来非常积极的效果。就如《小王子》中的主人公，如果大人们在看他的那幅画时给予足够的支持和鼓励，也许主人公会坚持画画，长大后成为一个画家。美国的一个心理学家曾经做过这样的实验：他在一所大学里选了一个相貌平平，成绩一般又很自卑的女学生作为实验对象。这个心理学家和这个女学生周围的人都约定好，在三个月之内，每个人都要把这个女学生看成是一个成绩优异的美女。刚开始，这个女学生感到很不自在，觉得是自己出了什么问题。但三个月过后，她真的变成了一个对自己充满自信的成绩优异的学生，她的外表虽没有改变，但所有人都觉得她变漂亮了。从这个实验中我们可以看到肯定的力量。

贝聿铭是世界著名的美籍华裔建筑设计大师。卢浮宫前的金字塔是 1988 年贝聿铭 64 岁时设计建造的。贝聿铭在卢浮宫博物馆的 U 形广场中，设计了一个巨大的玻璃金字塔作为博物馆的入口大厅。这座金字塔理论上每小时可以吸纳 15000 名参观者，是贝聿铭依照典型的埃及金字塔比例设计的，这个水晶般的金字塔富有现代的简洁美，与古老的卢浮宫交相辉映。贝聿铭选择利用这种“明亮的象征性构造”来避免抢卢浮宫的风头，金字塔是在最小的面积里表现最大建筑面积的几何图形，所以不会太抢眼。

当法国总统选中贝聿铭作为设计师的消息一公布，整个巴黎一片哗然，尽管贝聿铭是声名卓著的建筑师，但这项任命仍引起了法国建筑师的不满。“怎么可以由一个中国人修一个吓人的金字塔呢？这是对法国国家风格的严重威胁。” 贝聿铭说，强烈的批评势头几乎使他难以承受。“卢浮宫的设计案是一生中难得再有的挑战，从头到尾，卢浮宫的设计共花了 13 年的时间，我是不想再设计一座卢浮宫了。这个设计案从一开始就很坎坷，抨击没有停过……在我们公开展示金字塔设计之后的

图 2-8

图 2-9

1984 年到 1985 年之间，争论已到了白热化的程度，我也在巴黎街头遭到不少白眼。”

但是贝聿铭肯定了自己的设计，坚持了下来。

现在，法国人曾经极力反对的金字塔几乎成了他们每个人的骄傲。贝聿铭把过去和现代的距离缩到最小。如今，卢浮宫的金字塔常常与埃菲尔铁塔一起被公认为是巴黎的标志和象征。（图 2-8）

这，就是肯定的力量。

二、否定的角度

“否定视角”与“肯定视角”相反，否定，也可以理解为“反向”的意思，就是从反面和对立面来思考一个事物，把事物或观念认定为错误的、坏的、有害的、无价值的等，并在这种视角的支配下寻找这个事物或者观念的错误、危害、失败、缺陷之类的负面价值。

从反面来考虑事情，或者颠倒过来考虑，会促使我们产生意想不到的创意。

1901 年，在伦敦某个火车站，一个关于除尘器的公开表演吸引了不少人。人群中有一位叫赫伯·布斯的英国土木工程师，看得最起劲。这除尘器除尘的方法很简单，就是将灰尘用力吹走。虽然灰尘被吹走了，但是全吹到路人的身上了。人们乘兴而来，败兴而归。回到家中后，赫伯·布斯冥思苦想。吹尘不行，那么反过来吸尘行不行呢？他用手帕蒙住口鼻，趴在地上用嘴猛地吸了一口气，再一看，手帕上吸满了灰尘。于是，吸尘器问世了。厨房里的抽油烟机，同样也运用了这样的原理，电扇反转，就能抽走厨房里的油烟。而日本设计出了一款“反复印机”，这种复印机和传统的复印机完全相反，被复印过的纸张通过它后，上面已有的图文会消失，会重新还原成一张白纸，既节约了资源又创造了财富，是一个非常好的设计。

书架是用来干什么的？当然是放书的。这看似是一个很奇怪的问题。那么书架肯定是空的才能把书放上去吧？答案也是肯定的。但是有人偏偏反其道而行之，就要把书架事先放满假书，那么我们自己的书放在哪里呢？别着急，你把书放进书架时，书架上面的假书就会向后弹开，这样平时我们没有那么多书放在书架上的时候，书架也不会空着很难看。（图 2-9）

我们家里有大大小小各种尺寸的花瓶，因为如果买了一大束鲜花，我们就需要一个大花瓶；如果只有几朵花，那么一个小小的花瓶就够了。荷兰的一位设计师运用了否定的视角，为什么要用花去适应花瓶而不是花瓶去适应花呢？于是他设计了一个可折叠、可根据花的多少来调节自身大小的花瓶。（图 2-10）

在德国柏林的大街上，有这样两座毗邻的建筑。一个是毁于二战时的教堂残骸，一个是后来建的新教堂。如果不是新教堂的顶端有个小小的十字架，很难把这么现代的一个建筑和传统教堂联系在一起。但是为什么教堂就要修得和我们认知的教堂一样呢？为什么教堂不能看起来不像教堂而像写字楼呢？正是因为设计师这样思考了，所以才有了柏林街头这座与众不同的教堂。（图 2-11）

对于现在几乎每个家庭都有的路由器来说，大部分家庭使用的方法是尽量把它“藏起来”，因为路由器太丑了，从而也衍生出很多路由器盒的设计。但是中兴通讯最近设计出了一款路由器，造型上像是一个软气球，漂浮在墙上。这样，我们身边不用为丑陋的路由器没地方放而发愁了。（图 2-12）

图2-10

图2-11

图 2-12

三、传统的角度

每一个社会、国家都有其历史，因而形成了各自不同的独特的文化。在设计的时候如果能够从自身的文化出发，就有可能挖掘出更有内涵或更有特色的作品。

同样都是花瓶的设计，我们可以看到不同的文化背景对设计师的不同影响，从而影响设计师的思维方式，产生不同的设计作品。图 2-13 的设计师来自日本，这个花瓶的设计灵感来自日本的一个民间传说，一位老人能使枯树开花，所以花瓶名为“枯树的花瓶”。基座象征土地，可以插满树枝状的花瓶，也可以只插一部分，随个人喜好，材料为传统的陶瓷。图 2-14 的设计师来自法国，在材料上运用了现代的玻璃，由 21 支化学试管和 20 个金属扣环连接而成。花瓶可以伸长缩短，随意摆放成各种样子。图 2-15 的设计师来自荷兰，受荷兰邻海的影响，设计师运用了天然海绵的形状，把天然海绵浸透陶浆然后烧制而成。

图 2-13

图 2-14

图 2-15

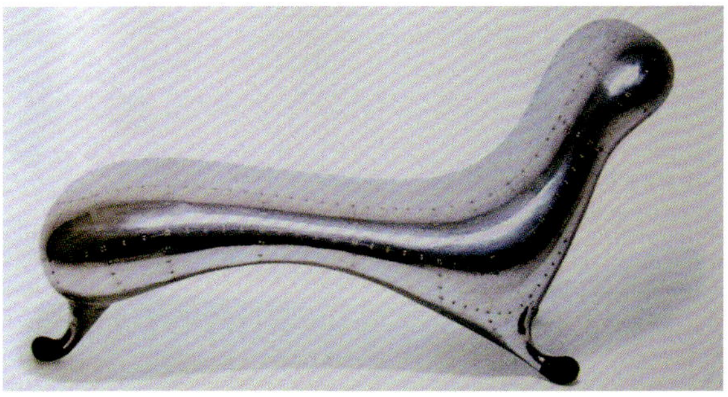

图 2-16

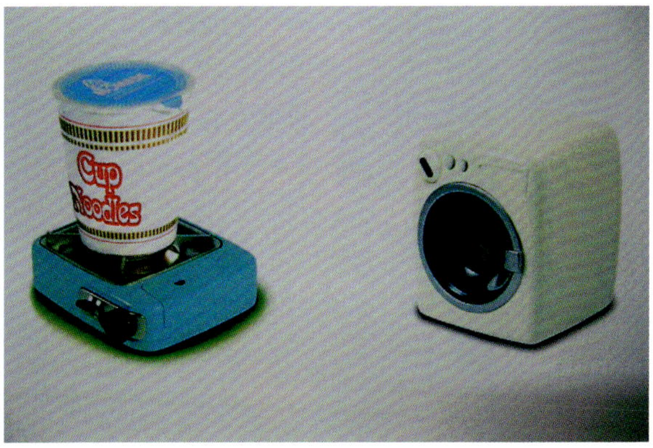

图 2-17

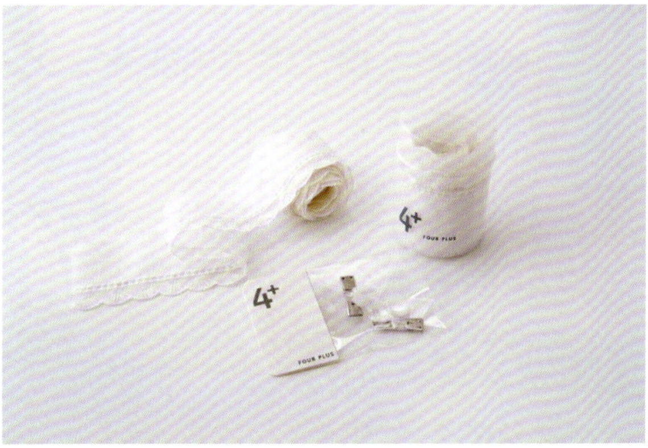

图 2-18

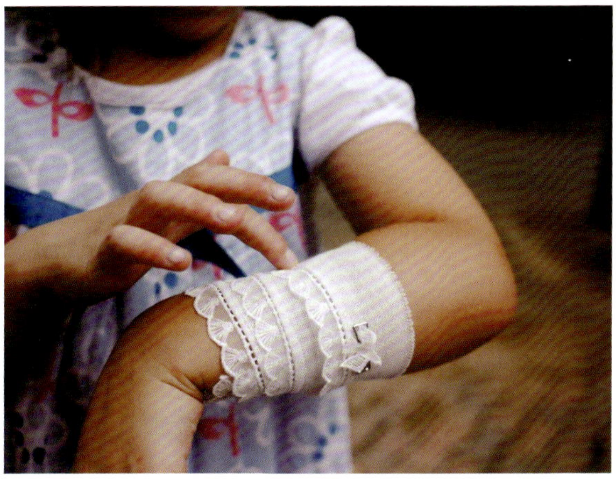

图 2-19

图 2-16 这款名为 lockhead 的长椅你一定不陌生，它有流动的金属造型，整体看起来像一滴巨大的水银。这件作品让设计师 Marc Newson 一夜成名。而他的设计灵感则来自 18 世纪法国绘画中的一种轻型马车的座椅。

四、相同的角度

“世界上没有两片完全不同的树叶”，这句话我们都知道。任何事物或观念之间都有着或多或少的相同点，我们在设计时抓住这些相同点，便能够把许多看似毫不相干的事物联系起来，从中发现新的创意。

日本一家专门经营文具用品的小公司，生意一直不好。公司里的一位新职员发现：顾客来买文具，总是一次要买齐几种；而在小学生的书包里也总是乱七八糟地放着钢笔、铅笔、尺子、橡皮擦等用品。于是她就想：能不能把各种文具组合起来一起卖呢？她把这个想法告诉了老板。后来这个公司精心设计了一个盒子，里面装了五六种常用的文具。结果这种“组合式文具”大受欢迎，在一年之内卖出了 300 多万盒，使公司获得了意想不到的盈利。

把这种思维方式运用到产品设计中，我们就有了图 2-17 的创意。看看这两个有意思的闹钟。洗衣机在洗衣服的时候会震动，于是设计师抓住了闹钟和洗衣机都会震动的共同点，设计出了洗衣机造型的闹钟。

同样，如果设计师在设计时能更多地站在使用者的角度去看待问题。也会得到很多有趣的设计。从儿童的角度来看，不愿意看到绷带并带来“痛苦”的回忆，设计师为了缓解儿童的情绪设计了这款花边绷带，花边冲淡了原来绷带给人的可怕、冰冷的感觉，变得可爱，儿童也愿意缠绕这样的“花边”并展示给人。（图 2-18、图 2-19）

码 2-2 儿童医院

五、相异的角度

“世界上没有两片完全相同的树叶”告诉我们由于每一种具体事物都有无限多的属性，所以任何事物之间都不可能完全相同，都能找到差别。相异视角就是抓住这些区别来进行新的设计。

随着市场竞争日渐激烈，各类商品极大地丰富起来。我们现在买东西的选择越来越多、越来越丰富。那么怎样才能使商品从市场上脱颖而出呢？这就要求商品必须有特色，这样才能吸引顾客。东京有一家手工装饰品协会，专门制作形状各异的胸针，全是手工制造，每一枚胸针都各有差异，因此吸引了很多女性消费者。

创立 smart 品牌的想法来自瑞士手表制造商 SWATCH（斯沃琪），20 世纪 80 年代后期，生产 SWATCH 手表的 SMH 公司首席执行官 Nicolas Hayek 从自己企业的手表产品中获得了灵感，他认为当前的汽车工业在逐渐向“大而豪华”的方向发展，而忽略了一种经济、时尚又能代步的车型，因此他决心开发出一种轻便经济的代步小车，就像 SWATCH 手表一样：小巧而时尚。起初的设计理念很简单，可容纳两人乘坐即可，并且为了达到更高的燃油经济性，最初新款车设计选择混合动力系统。

虽然这款车最终没有采用混合动力系统，但它在欧洲九个国家的发售均获得了成功，销量大大超出了预期。如今走在欧洲的街头，随处可见各种各样的 smart，车主为了使自己的车与其他的车区别开来，想尽了各种办法。（图 2-20、图 2-21）

图 2-20

图 2-21

图 2-22

图 2-23

同样的东西，如果使用的材料不同，就会产生不同的效果。把不常用于服装的材料合理、有机地运用在服装中就会产生让人耳目一新的效果。比如设计师将避孕套作为一种基本的元素运用于自己的服装设计中（图 2-22）；用不同的材料来代替凳子、桌子的一些组成部分，也能产生独特的效果（图 2-23）；或者干脆舍弃原来的材料，把灶具和灶台用瓷砖融为一体……

三轮车就只能用脚骑吗？如果是腿有残疾的人怎么办？英国一位名叫 Ben Wilson 的设计师设计出了一款用手柄驱动的三轮车，通过手驱动前轮产生动力，车子的稳定性靠舵盘将身体从一边转换到另一边来保持。这是专门为残疾人设计的产品，因为有了它，一位 9 岁的下身瘫痪的小男孩现在是他们那里“跑”得最快的孩子了。

图 2-24

六、个性的角度

我们观察和思考问题的时候往往喜欢以自我为中心，从自己的想法、自己的需求、自己的喜好等入手来进行设计。而在以自我为中心的例子上，艺术家往往是最自我的一类人之一。所以有时候他们设计的东西因为自我而与众不同、个性鲜明，受到大众的喜爱。

图 2-24 至图 2-26 都是设计师从艺术的角度切入进行设计的。图 2-24 和图 2-25 是奥地利画家 Hundertwasser 设计的。他的切入点和一般的建筑师的切入点不同，所以这所房子也与一般的建筑不同。他把建筑当成是一个巨大的雕塑，他认为建筑是自然的一部分，应该与自然融为一体，所以他设计的建筑上长出了

图 2-25

植物，就像从土里长出植物一样。而建筑的内部也体现了设计者的想法，即重现自然。因为自然界的地面都是凹凸不平的，所以建筑内部的地面同样也和自然界一样凹凸不平。而另外一位设计师同样也把艺术运用于建筑中，图 2-26 是德国杜塞尔多夫市中心的一座大楼，从建筑表面看我们会发现设计师受到了荷兰风格派画家蒙德里安抽象画的影响，这座大楼简直就是一幅立体的蒙德里安的画。

孟菲斯集团是从后现代流派中衍生出来的一个极有影响力的设计群体，其成员大部分都是建筑设计师。他们为著名的 alessi 公司设计了一系列的咖啡壶，因为大部分咖啡壶的造型都来自建筑，而每个建筑师所设计的也各不相同，都带有强烈的个人色彩，故被称为微型建筑风。（图 2-27 至图 2-29）

图 2-26

图 2-27

图 2-28

图 2-29

建筑大师弗兰克 · 盖里设计的建筑一直都以独特著称，他设计的车站会是什么样子呢？ 会带有他的个人特征吗？索脱萨斯设计的家具大家都很熟悉，他同样也设计了一个车站，他设计的车站和弗兰克 · 盖里的会有什么不同呢？（图 2-30 至图 2-33）

图 2-30

图 2-31

图 2-32

图 2-33

第四节　创意思维的形式

创意思维的形式有哪些呢？这里总结了八种，分别是抽象思维、形象思维、直觉思维、灵感思维、发散思维、收敛思维、逆向思维、联想思维。其实在现实生活中远远不止这些。

一、抽象思维

抽象思维就是凭借抽象的语言进行的视觉思维活动，它是相对于具象思维而言的。是认识过程中用反映事物共同属性和本质属性的概念作为基本思维形式，在概念的基础上进行判断、推理、反映现实的一种思维方式。这种思维的顺序是：感性个别——理性一般——理性个别。

二、形象思维

形象思维是通过实践由感性阶段发展到理性阶段，最后完成对客观世界的理性认识的一种思维。它在整个思维过程中都不脱离具体的形象，通过想象、联想等方式进行思维。比如“协和”飞机的外形设计，我们很容易就能看出这是对鹰的仿生。但其设计构思，既不是由鹰外表的简单复制，也不是对以往所有飞机外形的照搬，而是设计师根据“协和”飞机的各种功能要求，在鹰的表象基础上，有意识地进行选择、组合、加工。尤其是飞机的头部，为了改善不同航速、起落时的航行性能，头部可以转动调节，很有新意。（图2-34、图2-35）

图2-34

图2-35

三、直觉思维

直觉思维能以少量的本质性现象为媒介，直接把握事物的本质与规律，是一种不加论证的判断力，是思想的自由创造。1910 年的一天，科学家魏格纳在观看一张世界地图时，忽然被一个奇妙的现象吸引住了。他发现大西洋西岸的巴西东部突出部分正好能嵌入非洲西海岸凹进去的几内亚海湾。这也太巧了！难道是偶然吗？他开始仔细地研究起海岸线，发现几乎每个巴西海岸的突出部分都和非洲几内亚海湾的凹进部分相吻合，其他海岸线也基本上是这样。莫非它们原来是连在一起的，后来才渐渐分离开？魏格纳大胆地设想：原来各大洲是由一整块的大陆经过断裂、分离而成的。魏格纳为了证实自己的这种想法，多方搜集资料，分析了地球物理学、地质学、古生物学、古气候学、大地测量学等相关材料，取得了海岸线的形状、地质构造、古生物等多方面的证据，并提出了“大陆漂移说”。他认为，在远古时代，大陆只是一块庞大的原始陆地，叫“泛大陆”，它的周围是一片汪洋。后来由于种种原因使泛大陆破裂成几大块，它们就像漂浮在海洋上的冰山，不断漂移，越漂越远，形成了现在的海陆状况。利用直觉思维，一位气象学家创建了地质学的新学说。

四、灵感思维

奥地利作家茨威格曾说：“伟大的事业降临到渺小人物的身上，仅仅是短暂的瞬间。谁错过了这一瞬间，它绝不会再恩赐第二遍。”

灵感是人们借助于直觉启示对问题得到突如其来的领悟或理解的一种思维形式。它是创造性思维最重要的形式之一。灵感的出现不管在时间上还是在空间上都具有不确定性，但灵感产生的条件却是相对确定的。它的出现有赖于知识的长期积累，有赖于智力水平的提高，有赖于良好的精神状态和和谐的外部环境，有赖于长时间紧张的思考和专心的探索。

美国人卢托是一位年轻的制瓶工人。有一天，他看见他女朋友穿了一条裙子，这条裙子的膝盖上面部分较窄，使腰部显得很有吸引力，看上去挺拔而漂亮。他觉得这条裙子很美，就一直盯着看。

突然一个念头闪进他的脑海：如果做一个这种形状的瓶子一定别具一格。于是他就开始制作起来，并在瓶子上印了和裙子一样的图案。半个月后，一种新款式的瓶子诞生了，就是我们现在所看到的可口可乐瓶子的造型。它不仅外观别致、美观，而且用手握住时不容易滑落，同时，瓶子里的液体看上去要比实际的多。1923 年，卢托以 600 万美元的价格把专利权卖给了可口可乐公司，从而一夜成名。

五、发散思维

发散思维又称辐射思维。它不受现有知识和传统观念的局限与束缚，是沿着不同方向多角度、多层次地去思考、去探索的思维形式。著名创造学家吉尔福特说：“正是在发散思维中，我们看到了创意思维最明显的标志。”

发散思维有流畅性、变更性、独特性三个不同层次的特征。流畅性反映了发散思维的速度；变更性反映了发散思维的灵活；独特性反映了发散思维的本质。设计、创造要有新意，应当注意思维的独特性。

寻找新方法最稳妥的方法，就是充分开启发散思维，绝不要在刚找到第一种正确答案时就止步不前，而是继续寻找其他的答案。没有哪种方案是完美无缺的，如果你只钟爱一种方案，你就看不到其他方案的长处，因而失去很多机会。生活中最大的乐趣就是能够不断地从过去的想法中走出来，自由地在新天地中驰骋。

你家的盘子怎么放？是全部叠起来放，还是放在专门放盘子的架子上？解决问题的办法就这么

图 2-36

图 2-37

图 2-38

多吗？不，设计师设计出了一种全新的盘子，底部是平的，这样盘子在竖起来的时候就不需要盘架了，可以自己一个个地“站起来”。（图 2-36）

但是，这不是唯一的解决办法，盘子除了可以“站起来”外，还可以挂起来（图 2-37）。可见，解决问题的方法不止一种，只有思维发散了，才能设计出更多更好的产品。

你同时穿过两双鞋吗？在家时穿着一双舒适的室内鞋，要出门了，换鞋？真麻烦！现在你可以不用这么麻烦了。Nike 公司出产了一款新型的鞋子，质地舒适，有通气的网面鞋身和轻软的鞋垫，出门时也不用脱下来，只要穿上专为它准备的“外套”就可以了。同时，这双鞋的“外套”也可以作为凉鞋单独穿。（图 2-38）

六、收敛思维

收敛思维也叫集中思维，是以某一思考对象为中心，从不同角度、不同方面将思路指向该对象，以寻找解决问题的最佳答案的思维形式。

在创造性思维过程中，发散思维与收敛思维是相辅相成的。只有把二者很好地结合起来使用，才能获得创造性成果。比如病人去医院看病，会告诉医生自己的病症。但是什么原因引起的症状呢，这里医生会先用发散思维：可能吃多了，可能发炎了，可能是神经功能症等。医生继续询问各种病症，并开始各项检查。等到确诊病因后，就用收敛思维的方法，用一切可行的方案集中力量将病治好。

七、逆向思维

逆向思维就是把思维方向逆转，用与原来对立的想法，或者表面上看来似乎不可行的方法去寻找解决问题的办法的思维形式。世界著名科学家贝尔纳曾说：“妨碍人们创新的最大障碍，并不是未知的东西，而是已知的东西。”

思维定式顽固地盘踞在人们的头脑中，使人们无法和创意进行亲密接触。当一个问题不能从正面去解决时，从反方向去思考，往往会得到意想不到的惊喜。而在逆向思维中最广为人知的就是司马光砸缸的故事。在小朋友掉进大水缸时，所有人想的都是怎么把他从水里捞出来，只有司马光想到只要把水缸砸碎，小朋友自然就出来了。

米开朗基罗不仅是伟大的雕塑家，同时还是逆向思维的实践者。很多人认为雕塑的目的就是对一块没有定型的大理石强加形象。米开朗基罗对此却持相反的观点，他认为一种完美的艺术形式实际上已经存在于大理石中，他的任务就是削去不必要的石块，让已经存在的艺术形态从“石头监狱”中解放出来。他认为自己只是雕像的仆人，只需要削去一些石块，以便展示隐藏于大理石表面下的美景，而不是把他自己的意志强加于顽石之上。

同样，世界著名的家居用品连锁店——宜家的产品设计也运用了这种思维方式。一般我们都是先设计出产品，生产出来，定价后销售的。但是宜家却不这么做。它是先给产品定价，然后设计师根据产品的价格设计出相应的产品。这也是为什么宜家在全世界特别是在中国这么受欢迎的原因之一。一个非常现代的有设计感的产品，价钱却不贵，大部分都市居民都能承受得起，花同样的钱消费者当然更愿意选择宜家的产品。

芝加哥的玛丽娜城（Marina City），65 层楼高，像两个巨大的玉米，所以也被称为双玉米楼。它的与众不同之处在于 1 层到 19 层是开放裸露的螺旋状停车场，每一座都有 896 个车位。一般大楼的停车场都设计在地下，但是设计师运用了逆向思维的方法，把地下停车场搬到了地面甚至楼上，让这座建筑成为芝加哥最出名的建筑之一，令人过目不忘。（图 2-39、图 2-40）

图 2-39

图 2-40

八、联想思维

你一定发生过只找到一只袜子，而另外一只不知去向的情况吧。那么为什么袜子不能多拥有一只呢？英国的一位年轻的设计师通过自身的遭遇而设计出了三只袜子，以防其中一只丢失。还有三只鞋，相当于买了两双鞋，还可以搭配不同的衣服，既节约了成本又收到了不同的效果。

联想思维是一种把已经掌握的知识和某种思维对象联系起来，从二者的相关性中得到启发，从而获得创造性设想的思维形式。联系越多，获得的突破也就越大。“在人类的所有才能中，与神最接近的就是想象力”，想象是创意的一种深度，正如雨果所说：“没有一种精神机能能比想象更能自我深化、更深入对象。”

我们经常听到：“成功来自 99% 的努力加 1% 的天分。”但事实上，在创造性的行业里，1% 的天分往往决定了 99% 的成功。同样的道理用在产品设计上就是：好的创意来自 99% 的努力加 1% 的想象力。但事实却是 1% 的想象力决定了 99% 的努力。在遇到问题时只有展开海阔天空的想象，并把它们和自己所思考的问题联系起来，创意才会源源不断地出现。

第五节　创意思维的特点

一、思维的广度

美国数学家加德纳说过：“你考虑的可能性（不管它多么异乎寻常）越多，也就越容易找到真正的诀窍。”创造本身是一种探索性的活动，创新设想的产生不应受到限制，如果人人都成熟到一切都按书本的定论去做，那么科学技术不会进步，社会也不会发展。事实上，许多促进发明创造的技法都是针对克服人的一种或多种思维障碍而设计的。

眼睛只盯着一个问题领域，往往会阻碍自己发现更新鲜、更有趣的材料，因为思维的惯性很容易使自己在一个特定的问题领域中作循环思索。所以应该跳出来，从别的领域找寻一些材料来启发自己。很多富有创意的设想涉及多个领域，并将这些领域的某些材料应用于自己的问题领域。比如第一次世界大战的武器设计者就是从绘画中找到了灵感，他从毕加索和勃拉克的立体派绘画中发现了创意，然后将其运用到了大炮和坦克的伪装设计上，并取得了巨大的成功。毕加索和勃拉克可能做梦也想不到，自己的作品除了可以引导现代绘画外，还能引导现代武器。

现代很多产品设计也同样是从画家的作品中得到灵感的。比如源于超现实画派达利绘画而设计的椅子和莫兰迪的陶瓷器皿。（图 2-41 至图 2-44）

图 2-41

图 2-42

图 2-43

图 2-44

Habitat 公司邀请了 22 位设计师和名人来为其设计漂亮而实用的产品。然而，最令人满意的不是专业设计师的作品，而是一位没有学过设计的音乐家设计的鞋拔子。这个结果可真出人意料！一个从没有学过设计的音乐家为什么可以设计出令全部评委都为之喝彩的作品？因为他没有局限性，很多设计领域里的条条框框对他不起作用，他用局外人的思维来设计，反而获得了成功。

二、思维的深度

除了注意多向思维的发展外，单方向也可以进行发散，引出思想分支，但这只是低水平的发散，多向发散才是我们应当追求的。

比如提问：铁丝的用途。回答：1. 捆箱子、捆袋子等；2. 晒衣服等。不管想出多少个捆，结果还是“捆”，这就是单向发散。如果灵活地想想铁丝具备的其他属性，如重量、长度、硬度、体积、传导性等，从这些方面再去多向思考，才可得到关于铁丝用途的上百上千种新颖的设想。

三、思维的独特性

坚持思维的独特性是提高多向思考质量的前提。重复自己脑子里边早已定型的东西或别人已经提到过的东西，你再怎么发散也难出新意，在思考问题时，需要尽可能多地为自己提一些“假如……”“假设……”从独特的角度去想他人不敢去想或从未想过的东西，它能引导你去超越现实时空和自我。多向思考并不神秘，它的基础就是联想和想象，联想和想象是每个正常人都具有的思维本领。所谓联想，就是指思路的连接，将事物联系起来思考，即由所感觉或所思考的事物、概念或现象的刺激而想象与之相关的其他事物、概念或现象的思维过程。通过联想可以引申和沟通思路，促进多向思考，但是联想只是将思路连接，而连接后的新思路、新设想、新方案的产生还需要利用想象。所谓想象，是指人的大脑对已有的感性形象进行加工、重组、调用，从而形成新形象、新思路的思维过程。想象力是发展多向思考能力的一个重要因素，也是独创力的基础。在我们平凡枯燥的生活中，只要花费一点点心思，像斑马线、下水道、窨井盖等普通的东西也会变得独特，生活也马上生动起来（图 2-45 至图 2-50）。可见思维方式在设计中的重要性。同时，不单单在设计上，在生活、经营、管理方面，创造性的思维同样重要。以较宽的标准看待创造性思维，我们会看到，创造性思维具有行业普适性和个体、群体普适性的特点。现实生活和社会实践的各个领域都需要每个人发挥各自的独创力，这样，正如支流汇成江河一样，它将具有极明显的积累和叠加效应，使创新思维和意

图 2-45

图 2-46

图 2-48

图 2-47

图 2-49

图 2-50

识普及到全社会。目前，许多人普遍热衷于用所谓的“点子”或“创意”来表示那些新颖的设想。虽然这些“点子”或“创意”有许多也是具有独创性的，但是“点子”不应该成为个别专家的“头脑闪电”，而应该从心理学、思维方法学的理论高度上进行分析，把它们纳入独创性的研究范围。

现在奥运会主办权之争日趋激烈，然而 20 世纪七八十年代情况则不同，1972 年原联邦德国在慕尼黑举行的第 20 届奥运会所欠下的债务久久不能还清，1976 年在蒙特利尔举行的第 21 届奥运会亏损 10 亿美元，1980 年在莫斯科举行的第 22 届奥运会耗资 90 多亿美元，亏损空前。第 23 届奥运会轮到美国举办，美国政府和洛杉矶市政府同意接纳奥运会，但同时声明：一分钱不出。一位名叫尤伯罗斯的企业家承包了这届奥运会，结果凭借其一系列独创性的活动使奥运会获得空前成功，并最终盈利 2 亿美元，创造了世界奇迹。

尤伯罗斯创新的第一步是在电视实况转播权上做文章。最初，工作人员按常规计算大胆开出 1.52 亿美元的最高价，尤伯罗斯马上给予否定。他亲自出马，到美国两家最大的广播站游说，巧妙地挑起他们之间的竞争，几家大公司全力以赴地投标，报价不断上升，后来仅一个转播权就卖了 2.8 亿美元。尤伯罗斯把自己拥有的优势巧妙地变成专有权利出让。

第二步，尤伯罗斯挑动全世界各大企业之间的竞争。他看到了一些大公司想通过赞助奥运会以提高知名度的心理，独创一项规则：本届奥运会只接受 30 家正式赞助商，每行业选择一家。结果各大公司只好拼命抬高自己的赞助报价，仅这一妙计，尤伯罗斯就筹集了 3.85 亿美元，获得的效益是传统做法的几百倍。

可口可乐公司为了与百事可乐竞争，一下子就开出 1260 万美元的巨额标码。美国柯达公司自恃世界“老大”，大摆架子，连 400 万美元都不愿出，拖了半年也没达成协议，他们以为时间拖久点，尤伯罗斯会让步。谁知日本富士胶卷正在寻找机会打开市场，于是乘机冲进来，狠狠地出了一个 700 万美元的高价，柯达公司望尘莫及，到手的“肥肉”被抢走了。奥运期间，赛场里里外外都是富士胶卷的广告，所有记者用的都是富士胶卷。柯达公司总裁一气之下把讨价还价的广告部经理革了职。

第三步，尤伯罗斯想办法把各种活动都变成了赚钱的机会。奥运会开幕前，要从希腊的奥林匹亚村点燃小火炬，然后空运到纽约，再蜿蜒绕行美国的各州，途经 41 个大城市和 1000 多个乡镇，通过接力，最后传到洛杉矶，在开幕式上点燃大火炬。火炬传递规则是：谁要想获得举奥运火炬跑 1 公里的资格，就要交 3000 美元。结果人们蜂拥着去排队交钱。人们都知道这是一生难得的机会，虽价格不菲但仍愿获得这一机会。尤伯罗斯又设计了“赞助人计划票”，凡愿赞助 25000 美元者，可保证奥运期间每天获得最佳看台座位两个。

以上只是几个较大的创造性思维的方法，其他的小点子更是层出不穷，第 23 届奥运会的成功使奥运会发展进入一个历史性的新阶段。

四、创意家具欣赏（图 2-51 至图 2-61）

图 2-51

图 2-52

图 2-53

图 2-54

图2-55

图2-56

图2-57

图2-58

图2-59

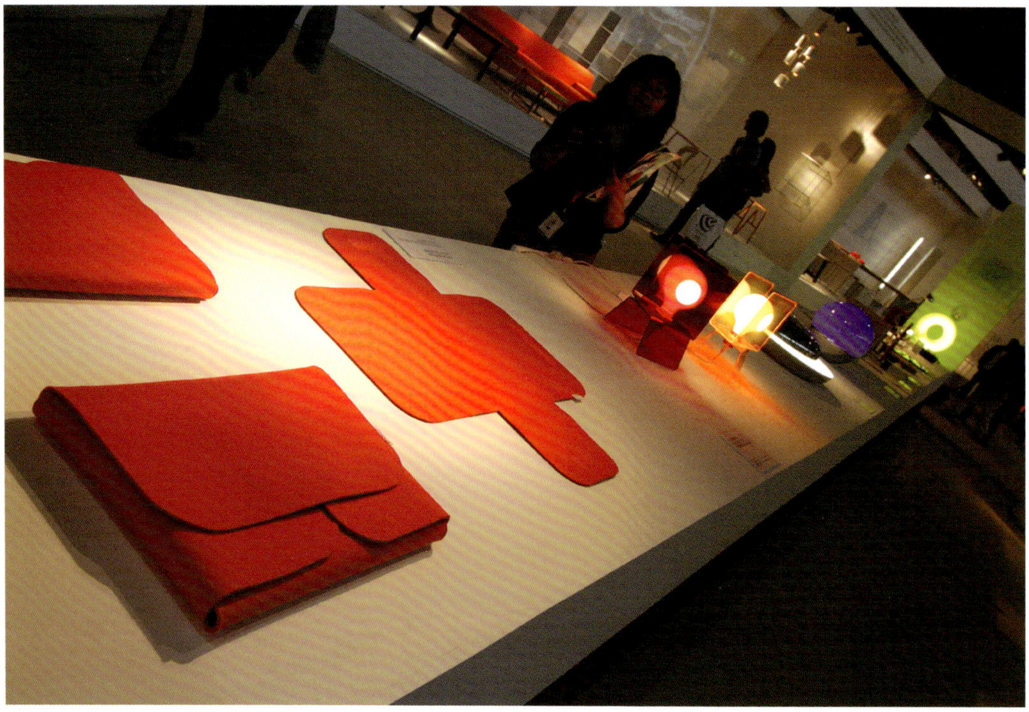

图 2-60

图 2-61

3

第 3 章

创意思维的过程

第一节　提出问题（发现并界定实际问题）

爱因斯坦是举世公认的最聪明的人，他死了之后大脑还被完整地保存以供后人研究。可是研究人员并没有发现他的大脑有任何异于常人之处，那为什么他可以提出这么多富有开创性的天文学、物理学观点呢?

人的创造力是怎么来的呢? 基本上是经过脑力开发来的。如果你每天都用脑，那么你脑细胞的潜力就会被渐渐激发出来，越用越聪明。而现在我们要做的就是把创新当成一种习惯，通过对头脑的锻炼，使人养成一种随时都想创新，随时都在创新的习惯，改变传统的思维习惯，建立新的思维。

你多久没有创新了?

1 天? 1 周? 1 个月? ……

创新思维习惯是需要训练的。首先就是训练注意、观察、思索的能力。

一、注意、观察、思索

1. 注意

“注意”是对外在现象或内心思索对象的专注意识，是创意思维的第一步。其特征为:

(1) 对特定事物的关注能力;

(2) 对特定事物以外的“不受干扰能力”。

2. 观察

“观察”是对外在现象认识、记忆的过程。其特征为:

(1) 从事物的不同角度进行观察;

(2) 注意事物的整体与局部及不同的观点与立场。

3. 思索

“思索”是对意识到的事物的再认识、回忆、组织的过程。其特征为:

(1)“思索”不仅包括记忆力、想象力，还包括直觉等潜意识;

(2)“思索”受生理状况、外在环境、内在情绪的影响。

比如我们每天都在学校生活着，每天都去教室上课，去食堂吃饭，回寝室睡觉。但是你知道从寝室到教室要遇到多少棵树吗? 从一楼到六楼共有多少级台阶? 食堂有多少个窗口，是什么颜色的? ……我们几乎天天经历这些日常生活中的点点滴滴，并且非常熟悉，可为什么看到那些问题时我们会目瞪口呆? 是我们不知道，还是我们根本就没有去注意? “看见”是什么? 看见就是“要看要见”。其实大多数人在大部分的时间里都是“看而不见”的，虽然看了这个东西，实际上在他们的脑海中根本就没有留下任何痕迹。有些事物即使出现在我们视野里一千次、一万次，我们都能“视而不见”，其根本原因就在于那些事物不符合我们的实践目的，使人感到没有必要去理睬它们。

在某国的一个警官学校，毕业班的学员正等着毕业考试。只见考官走进教室，对着学员说:“全体注意，现在开始考试。请你们现在跑步到一楼，然后再跑步回教室。”学员们赶快跑到楼下，然后又跑了上来。这时候考官开始问问题了:“请问，从一楼到三楼有多少阶楼梯? ”能够及格的学员寥寥无几。对大部分人来说，楼梯只是上下楼的通道，很少有人会注意它有几级。但是对于一个警官来说，他们应该具有比常人更为敏锐的观察力，能够发现别人不常发现的细节，来达到破案的目的。很多大案的侦破都是由许多不为人注意的细节入手的。

同样，设计师也应该有比常人更敏锐的眼光。对他们而言，生活的观察力度决定进步的程度。

图 3-1

日本的一对夫妇设计出了一个名叫“雪人”的撒盐与胡椒的容器（图 3-1）。看到这个设计的第一眼，你可能会觉得这是个很可爱的产品，但是真正让它脱颖而出的并不是它可爱的造型，而是产品上的孔。一般的容器都只有一个孔，而大部分的孔都开在容器的顶端，如果要撒盐就必须把容器倒过来，用力摇晃。这对夫妇注意到了这个问题，他们在设计中进行了改进，把孔开在了容器的侧面，这样使用者只要轻轻晃动一下就可以了，这正是这个作品的过人之处。

二、问题意识

一般设计公司的设计程序是这样的：

(1) 接受设计任务，明确设计内容；
(2) 制订设计计划；
(3) 设计调查，信息收集；
(4) 认识问题，明确设计目标；
(5) 展开设计；
(6) 设计草图；
(7) 方案评估，确定范围；
(8) 效果图；
(9) 绘制外形设计图，制作三维草模；
(10) 人机工程学的研究；
(11) 优化方案，讨论实现技术的可能性；
(12) 色彩方案；
(13) 方案再评估，确定设计方案；
(14) 设计制图，模型制作；
(15) 编制报告，设计展示版面；
(16) 原型测试，全面评价；
(17) 计算机辅助设计与制造（成品）。

图 3-2

但是日本有一家设计公司的设计程序就别具一格：做市场调查，然后针对调查结果设立项目，设计产品，最后投入生产，后来大获成功。它成功的关键是什么？首先做社会调查，这是发现问题，然后针对这些问题进行设计。因为在设计中调查知道了市场的需要，所以不会发生设计出来的产品不能迎合市场的问题。比如他们根据市场的调查结果设计了一款方形的电饭煲，在市场上推出后很受欢迎。但是如果不是先做调查再确立项目，设计师不会凭空想象设计出一个方形的电饭煲，而且即使设计出来了，风险也很大，一般公司也不愿意生产。（图 3-2）

设计的目的是发现问题、提出问题和解决问题，你认为哪一个更难？大部分人认为解决问题更难，但其实发现问题更不容易。

从上面的例子我们知道，在解决问题之前首先要做的是能够在平淡的生活细节中发现问题，然后提出问题。要做到在“视而不见”的日常生活中发现并提出问题，需要具备一个前提，那就是拥有一个独特的观察事物的角度。如何才能拥有一双锐利的眼睛和一个独特的视角呢？这就需要我们去培养一种品格。用王小波的话说，就是“特立独行”，就是同时拥有独立的人格和自由的思想，而自由的思想即指创造性思维。

1. 不解导向的问题意识

“看到事物，看不懂，都想要看懂”，这个问题实际很好解决，就是多问几个“为什么”。我们平时看到什么事总是凭自己的经验去理解，即使看不懂有时候也就算了，没有那种凡事都要寻根问底的精神。在日本的丰田汽车公司，曾经流行一种叫“追根问底”的方法。比如，公司的一台机器突然停了，那么就沿着这条线索进行一系列的追问：

“机器为什么不转动了？”

“因为保险丝断了。”

“保险丝为什么会断？”

“因为超负荷而造成电流太大。”

“为什么会超负荷？”

“因为轴承不够润滑。”

“为什么轴承不够润滑？”

“因为油泵吸不上润滑油。”

“为什么油泵吸不上润滑油？”

“因为抽油泵产生了严重磨损。”

“为什么抽油泵产生了严重磨损？”

“因为油泵没装过滤器而使铁屑混入。”

就因为这样一步步追问而找到了问题的答案，给油泵装上过滤器，再换上保险丝，然后机器就可以正常运行了。但是如果不进行这样的追根问底，而只是简单地换上保险丝，机器一样可以运行，但用不了多久就会又停下来，因为最根本的问题没有解决。

2. 不满导向的问题意识

就是对任何事都抱着“不满意，不满足”的态度。万事只有变化才有进步，如果我们对任何事物都很满意了，那么我们就不会想着去改变它，生活就不会改变，整个社会也就会停滞不前。所以一个成功的设计师除了拥有对事物敏锐的观察能力之外，还应该对任何事物都抱有不满意的态度，随时对自己或者别人的设计“挑刺”，这样才能设计出更好的作品。

比尔 · 盖茨曾经对微软的员工这么说过：“我们不能满足现状，即使是我们自己的产品，我们也要不断地推出新版本，提升自己。”有人很奇怪：“你推出了新版本，就没有人买旧的版本了，有了 Windows XP, 就没有人买 Windows 2000 了，这不是很大的损失吗？”比尔 · 盖茨说：“即便我们不推出新版本，别人也会推出，我们自己挑自己的毛病总比别人挑我们的毛病好。”所以不管是作为设计师还是商人，都应该具有这种对自己不满意、不满足的态度。

比如对待筷子的问题，因为我们从小学习使用筷子，对筷子的使用都不成问题，所以也很少有人对筷子提出问题。对筷子提出问题的是一位外国设计师，因为他们用惯了刀叉，用筷子很不习惯。现在亚洲食品席卷世界，他又很想品尝亚洲的美味食品，但又用不好筷子。于是就有了这个带夹子的筷子，就算是初次使用筷子也不会有夹不起菜这样难堪的事发生了。但是解决问题的办法远不止这一种，于是又有了“弹簧筷”的产生，设计师从圆规中获得了灵感，采用强化塑料材质，并在筷子的尖头部分设计了纹路来增加摩擦力，这样即使夹再滑的食物也不怕了。（图 3-3）

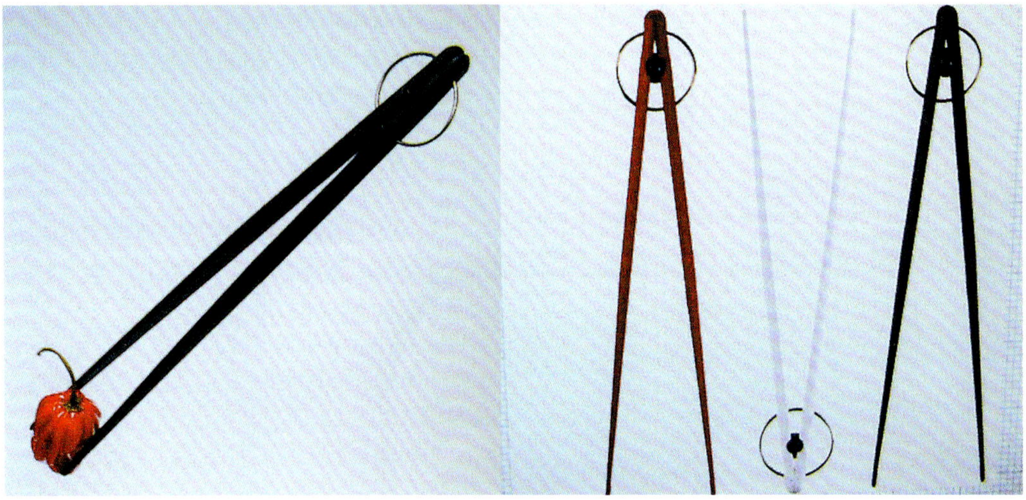

图 3-3

码 3-1 筷子

第二节　解决问题（通过头脑获得思维产品）

在发现问题、提出问题之后，就要开始解决问题了。德国当时推出了一款防盗手机，说到“防盗”，我们首先想的是如何去“防”。于是针对这个字提出了很多的解决办法：在手机内置防盗装置，一旦有人拿走就发出叫声；在手机内设微电伏击，一旦有人拿走时就会被电到……可是这些办法要么成本太高，要么科技含量太高，大都没有普及。那么我们来看看这款新手机有什么特殊的。这款手机说是防盗，其实在被偷时和其他手机并没有什么不同。但是在被盗后手机的主人可以设置一项功能：这个手机只要有电池就会疯狂地尖叫，直到电池被取下来。一旦装上电池，它就又会尖叫，而且不管你换多少次新电池都一样。这样小偷只要一用这种手机所有人都会知道手机是他偷来的，自然也就没有人买了。手机偷来卖不出去，自然就没有人偷了。这个手机创意的精彩之处在于并不是直接从“防盗”这个角度去思考，而是从如何断了“销路”这个角度去构思，因而取得了成功，可见创意的重要性。现在城市很多公共设施经常被盗，比如走在大街上，经常发现下水道的盖子不见了，或者公共汽车站站台的座椅不见了。市政工程人员做了很多措施，比如把座椅的脚直接焊在地上，但是过几天来看，座椅往往只剩几条腿了，其他部分都不见了……上述措施仅仅从如何防止盗窃这个方面来想办法，同样的道理，是不是可以从另外的角度想想？比如从防止流通的角度。如果市政工程从废品收购站直接入手，禁止购买这些特殊的废铜烂铁，可能会有意想不到的效果。

瑞典的斯德哥尔摩地铁站有两个入口，一个是普通楼梯，另一个是自动扶梯，大多数人都愿意乘坐自动扶梯。为了鼓励大家多走楼梯，大众汽车瑞典分公司的设计师把台阶按键盘的标准刷成黑白色，给楼梯装上压力传感器，并与扬声器连接起来，这样楼梯就像一个巨大的钢琴键盘，每踏上一个台阶就会产生一个音符。这样很多人就会为了感受弹琴的乐趣而选择爬楼梯。

另外，大众汽车公司还在一个公园里面建造了“世界上最深的垃圾桶”。设计师在垃圾桶里面安装了一个传感器，当有东西扔进去的时候，垃圾桶就会播放一段声音，感觉垃圾是从上千米的高空落到了一个无底洞之中。这个垃圾桶推出后，引来了人们极大的兴趣，为了听到这种声音，甚至有人专门收集公园里的垃圾来丢入这个垃圾桶。

相信大家都有提着沉重的行李箱上楼梯的惨痛经历。虽然现在大部分火车站或地铁站都有自动扶梯，但是仍然有很多老式的火车站或地铁站没有足够的空间来安装自动扶梯。那怎么办呢？有什么办法可以让人不用提很重的行李上下楼梯，又不用安装自动扶梯？于是就有了这样的设计。图 3-4、图 3-5 就是在楼梯的旁边安装了一个自动传送带，上下楼梯时把行李放在传送带上就好了。

一般人第一次拿这个铁环的时候都会问：“这是什么东西？有什么用？”这个铁环可为我们生活中的一个个小问题提供大大的方便。每次吃面的时候，不知道一个人该吃多少，煮面的时候基本都是估计着煮，结果要么煮少了，要么就煮多了。有了这个煮面神器（图 3-6），再也没有这个烦恼了。而且根据不同圆环的大小，可以准确地抽出不同人数的量，再也不浪费了。

图 3-4

图 3-5

图 3-6

常常听到有人抱怨伴侣挤牙膏从中间挤，而导致牙膏很不好看而且用的时候也不方便。快要用完的时候，还会残留一大坨在牙膏肚子里。增加一个头？好办法，于是这个双头牙膏应运而生，再也不用担心从哪边开始挤牙膏了，反正从哪边挤都是一样的。（图 3-7 至图 3-9）

下雨天打伞时，看不到前面，所以设计师就给雨伞开了个透明的“小窗户”，透过这扇“小窗户”就可以很容易地直视前方了（图 3-10）。下雨穿雨衣骑车过马路时需要转头注意往来的车辆，雨衣会挡住视线，使人变得很不安全。于是有了 360° 雨衣，在眼睛周围用了一圈透明塑料，这样人们过马路时视野就完全不受遮挡，再也不怕雨衣挡住视线而发生危险了。

有时候，解决生活中的问题就是这么简单。（图 3-11 至图 3-17）

图 3-7

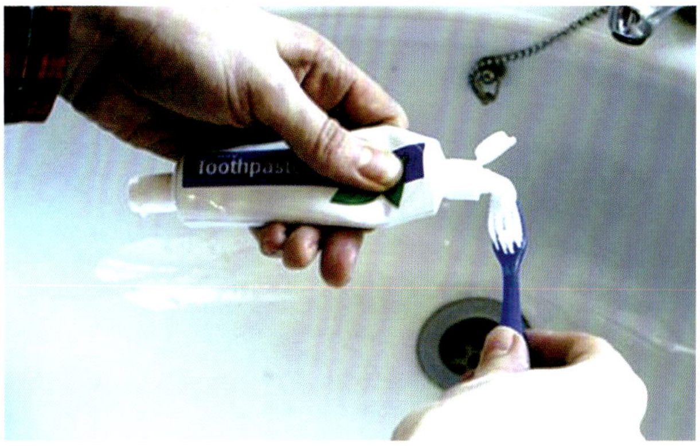
图 3-8

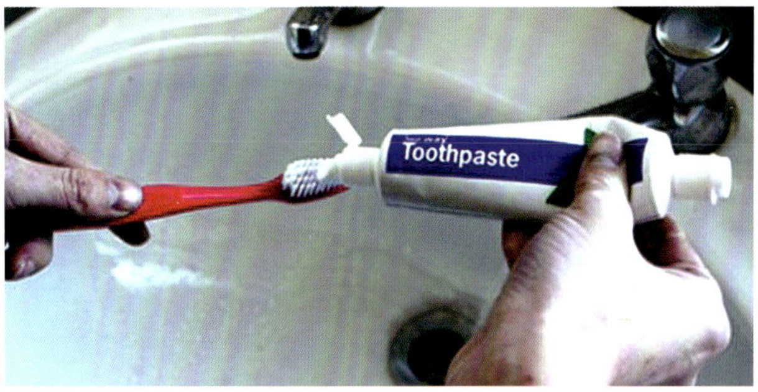

图 3-9

图 3-10

图 3-11

图 3-12

图 3-13

图 3-14

图 3-15

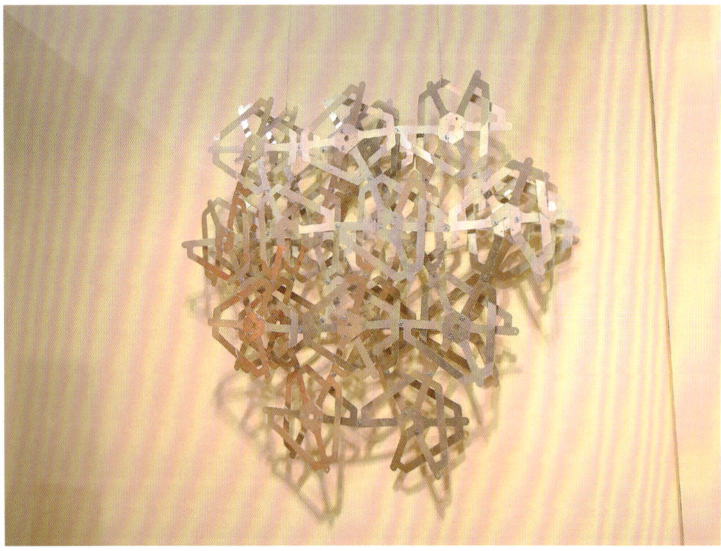

图 3-16

图 3-17

4

第 4 章

激发创意思维潜能的方法

人类的大脑是世界上最复杂的，同时也是效率最高的信息处理系统。人脑的存储量大得惊人，从出生到死亡的漫长岁月中，我们的大脑每秒钟记录1000个信息单位，也就是说，我们几乎能够记住从小到大周围所发生的一切事情。也许你会问：“为什么我记不住小时候发生的事情了呢？”近代科学家认为，人在一生中，仅仅运用了头脑能力的10%，还有90%没有被开发出来，而最新的科学研究更进一步指出，我们根本没有运用到头脑能力的10%，甚至连1%都还不到。所以，可以说人脑的潜能是无穷无尽的。弗朗西斯·培根说：“没有一个正确的方法，就如在黑夜中摸索行走。”好的方法将为我们展开更广阔的思维空间，从而能更有效地改造世界。只要通过一些有效的方式方法，就可以激发我们头脑的思维潜能，并把它运用到生活和设计中。目前，世界上应用于发明和创造的方法已经有300多种，在此主要将其分为4大类，即强化创造动因的群体激智法、扩展思路的广角发散法、非推理因素的直觉灵感法和思维为主的一般定性创造法。

第一节　强化创造动因的群体激智法

这类方法主要是指通过几个人或一组人集中在一起讨论，以激发思维潜能的创造方法。

一、头脑风暴法

头脑风暴法是美国创造学家奥斯本于1901年提出的最早的创造方法，又称奥斯本法，是一种激发群体智慧的方法。一般通过一种小型会议，使与会人员围绕某一课题相互启发，讨论，取长补短，引起创造性设想的连锁反应，以产生众多的创造性成果，参会的人员一般不超过10人，会议时间大致在1小时之内。会议的原则是：

(1) 鼓励自由思考，大胆设想；

(2) 不许打击其他参与者所提出的设想；

(3) 所有人一律平等；

(4) 有的放矢，不泛谈、空谈；

(5) 及时记录、归纳总结各种设想，不过早下定论；

……

头脑风暴法经过多年的实践，现在已经衍生了很多种形式。其中有与会人员在数张逐人传递的卡片上反复地轮流写上自己的设想的“克里士多夫智暴法”，亦称“卡片法”。还有德国人鲁尔巴赫的“635”法，即6个人在一起，针对一个问题每人写3个设想，每5分钟交换一次，互相启发，这样就很容易产生新的设想。还有“反头脑风暴法”，就是与会者专门对他人的设想进行挑剔、责难、找毛病，以达到不断完善创造设想的目的。

二、集思法

集思法是由W. 戈登于1944年提出的，这种方法使“激智”过程逐步系统化。集思法在开始的时候，仅仅是提出很抽象的议题，与会人员也不知道具体的课题是什么。大家都围绕着这个抽象的议题凭自己的想象来漫无边际地发言。主持人把所有人的发言要点记到黑板上。当设想提到某种程度时，主持人才把课题明确地告诉大家，看这些随意想出来的点子能不能成为解决课题的启示。

比如，课题是为一家快餐店夏季要推出的新品薯条做广告。主持人一开始并不会说明，只是提出很简单的词——夏天。于是大家就“夏天”这个词发表许多意见：游泳、火柴、冰、火焰山……

“游泳”可以启发为：在游泳池附近卖。

“火柴”可以启发为：薯条沾上番茄酱的样子。

“冰”可以启发为：冰镇薯条。

……

然后再进行检验、评价，最后得到最合适的创造方案。

第二节 扩展思路的广角发散法

一、缺点列举法

缺点列举法就是抱着挑毛病的态度，对事物或过程的特性、功能、结构及使用方式等多方面进行“吹毛求疵”的批评。由于人们思维和生活习惯上的惰性，对于看习惯了的东西，除非其缺点非常明显，否则往往就“见怪不怪”了，这种不能主动发掘事物缺陷的习惯，实际会让人逐渐丧失自己的创造潜力。而通过缺点列举法，发现了现有事物设计的缺点，就可以找出改进方案，进行发明创造。

比如通过缺点列举法，对插线板提出了以下缺点：

插头之间间隔太小，如果同时插多个插头，有些插不进去。

插头插上太紧，一只手不好拔。

插线板插上插头后线太多、太乱。

插线板太大不好携带。

插线板外观形态千篇一律，没有特点。

以上这些缺点如果不是强制性地列举，许多人都不一定会提得出来，因为“见怪不怪”，而针对上述缺点的列举和思考，也会有一定程度的独创性发明。针对插头之间间隔太小的问题，出现了可以滑动的插线板，可以转换方向的插线板，可以扭动折叠的插线板，可以逐个增加的插线板；针对一只手不好拔插头的问题，有了用脚踩的插线板，自带拉绳的插线板，带孔的插线板；插线板上线太多太乱不好看，没关系，加个套子在上面就搞定了；插线板外观不好看，那设计成烛台的款式怎么样？这样即使不插插头的时候也可以作为装饰品摆在桌上。（图 4-1 至图 4-11）

图 4-1

图 4-2

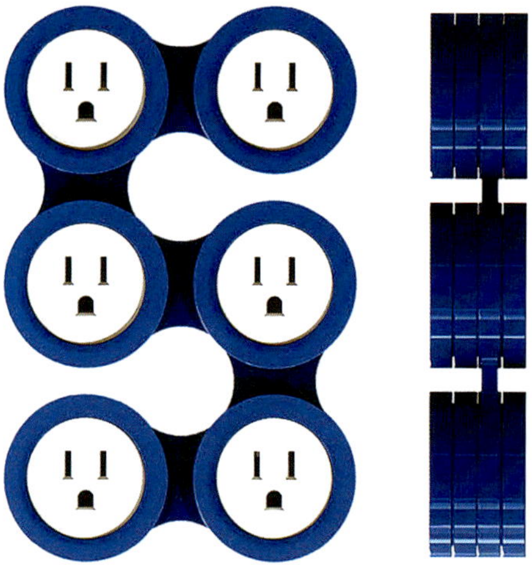

图 4-3

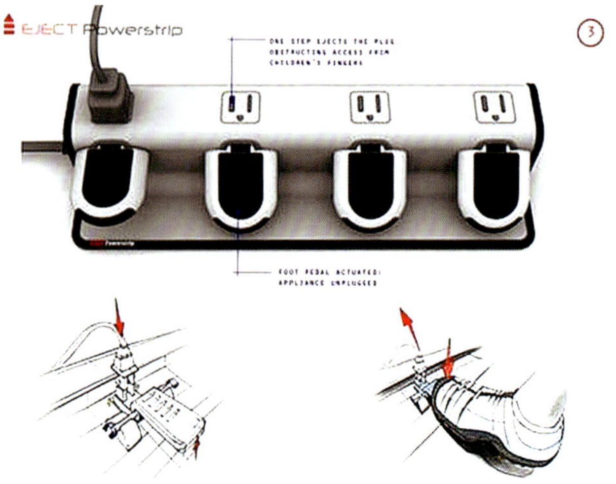

图 4-4

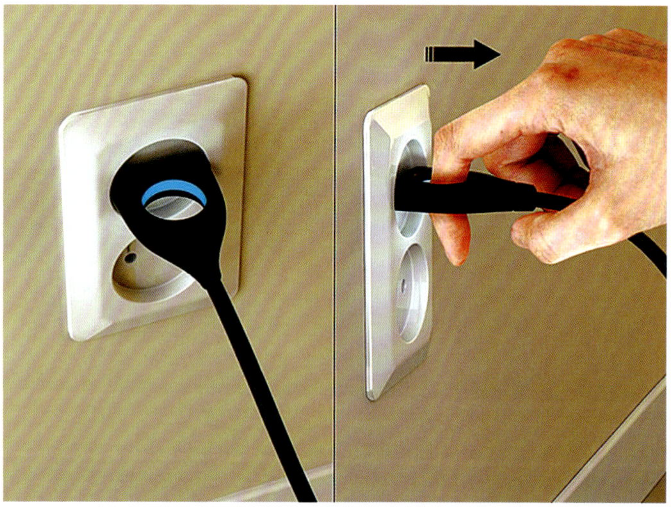

图 4-5

图 4-6

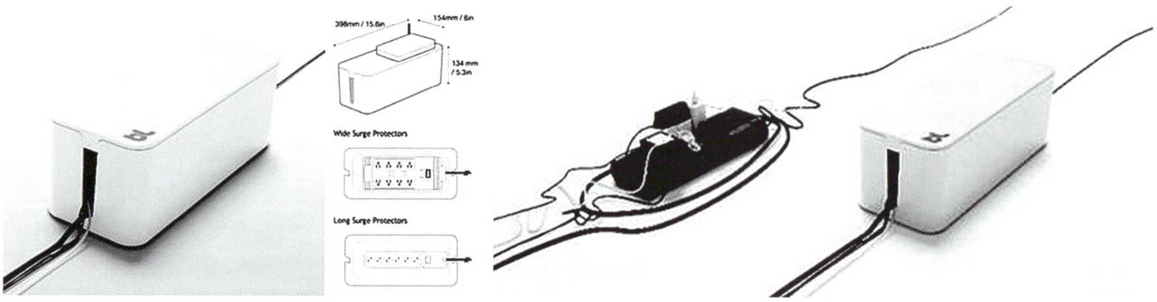

图 4-7

图 4-8

图 4-9

图 4-10

图 4-11

日本下谷玻璃制品公司十分重视职工的小发明活动，在许多同行在酒杯设计领域，已不知如何推陈出新的时候，他们利用缺点列举法提出了一个极具独创性的想法：杯子一般是在大拇指按的地方用劲，如果把这里做成凹陷下去，就可以克服打滑的缺点。还有人提出，欧洲人鼻子高，应将前面做成斜口。公司综合两个方案，生产的酒杯（酒窝杯）畅销欧洲市场。

二、希望列举法

小时候看《哆啦 A 梦》，多希望自己也能有一个哆啦 A 梦，能从它小小的口袋里掏出我们所梦想的任何东西。相信看过《哆啦 A 梦》的大家对记忆面包都不陌生吧？大雄希望能够在短时间提高成绩，于是哆啦 A 梦掏出了记忆面包，把书上的知识印在记忆面包上，然后把面包吃下去，就可以记住书上的知识。现在也有一种烤面包机，在烤箱的表面有一个屏幕，上面能够写字，写完字后再进行烘烤，烤出来的面包上面就有这些字。虽然吃了这个面包不能让我们立刻拥有知识，但是可以让我们觉得生活是如此美好，如此充满希望。(图 4-12)

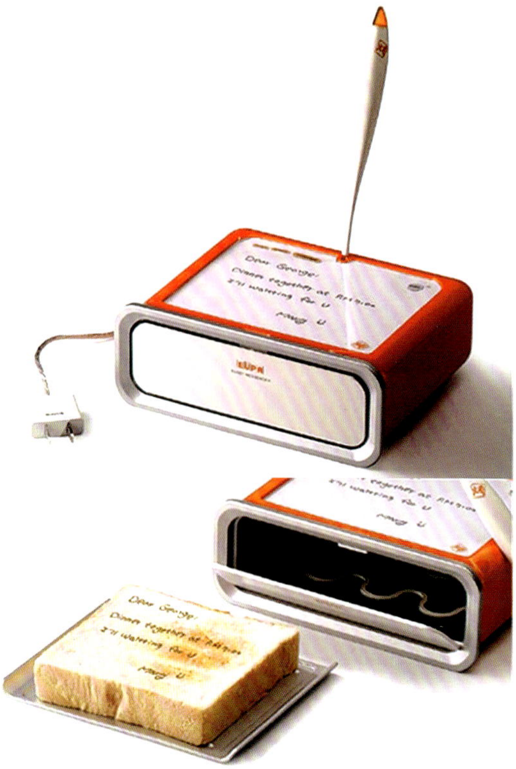

图 4-12

希望列举法是按照人的意愿提出各种新设想，不受现有设计的束缚的一种更为积极、主动的创造性技法。我们希望像鸟儿一样自由飞翔，所以发明了飞机；我们希望能随时和亲人、朋友联系，所以有了电话；我们希望……于是有了……

希望列举法步骤如下。

(1) 选择对象。希望列举法的对象不局限于某种产品，还可以是经营活动、生产过程、工艺流程等。

(2) 对所选对象从多角度提出希望点。这些希望点无非两个方面：一是该事物本身存在不足，希望改进解决；二是人们对该事物的需要、愿望不断上升，要求更为“苛刻”。

(3) 评价提出的每一个希望点，看看哪些缺乏可能性，哪些具有抽象的可能性，哪些具有现实的可能性。最后，把既具有现实可能性又较有价值的希望点作为创新的出发点。

(4) 将可行性的希望点付诸实施，将其表述为具体目标，从多角度、多方面来满足希望点，实现设定的目标。

以洗衣机为对象，列举希望点，可产生以下见解：

(1) 希望洗衣机排水不受下水位高低的限制；

(2) 希望洗衣机可以携带；

(3) 希望有不用水的洗衣机；

(4) 希望洗衣机体积减小一半；

(5) 希望洗衣服不用洗衣粉；

……

这些希望点都有新意，现在的洗衣机都需要水和洗衣粉，洗衣粉中的磷却是导致江河湖水污染的重要原因，不用水和洗衣粉就能洗衣服是一个很好的愿望，这一愿望没有白提，目前已有一种用“气”洗衣服的机器问世。这种“气”就是臭氧，臭氧是一种强氧化剂，能把有机物的大分子分解为小分子，把难溶物分解为可溶物，从而达到清洁、漂白的作用。依据这个概念，设计师设计出了很多款使用不同材料的“无水洗衣机”。有一款名为“气洗”的“无水洗衣机”，它使用负离子、灭菌去味剂和高压空气来清洁衣物。这款洗衣机自动闭合的边门可无缝滑开，露出装衣物的部分。操作“气洗”时，仅需轻轻敲击前端发光二极管面板上无按钮的表面。“气洗”过程非常简单，无须用水，衣物可在洗涤后立刻穿上，无须另外进行干燥或等待衣物晾干。而设计师 Elie Ahovi 的未来版概念洗衣机，用来除污的是固态二氧化碳。这款概念洗衣机的样子看起来像一个球形鼓，它的浮动和旋转使用的是磁力漂浮，由这个装置的液氮超导体发动，自给自足，零噪声，快速洗衣，几分钟就能搞定。有一种一体化洗衣机，机身悬挂在墙上，大大地节省了空间。完成洗涤后，还可以立马在右侧的平台上进行熨烫，发现残留的污渍可以通过除渍功能立即搞定，最后可以选择悬挂在平台下，做一个美美的“香薰浴”。

发挥想象力的方式之一是从幻想和美好愿望的角度看待和处理现有的事情。自觉地利用幻想和美好愿望，不仅可以大大扩展人的思路，而且可以为发明创造者沿这一思路进行创新提供动力。创造性想象不是凭空产生的，它受现实原型的启发，是通过对原型进行组合、夸张、拟人化等创造性加工制作活动而产生的。

三、设问法

设问法是围绕产品提出各种问题，通过提问发现产品在设计、制造、营销等环节中的不足之处，找出需要改进的地方，从而研发出新的产品的方法，一般是“5W2H”法。“5W2H”法是由七个英文单词的第一个字母组合而成的。即：

(1)WHY?（为什么？）

(2)WHAT?（具体的对象是什么？）

(3)WHERE?（从哪些方面入手？）

(4)WHO?(什么人参与？)

(5)WHEN?（什么时候进行？）

(6)HOW?（怎样实施？）

(7)HOW MUCH?（达到什么程度？）

提出问题是解决问题的前提条件。通过设问，使不明确的问题明确化，从而更接近解决目标。

我们运用这 7 种方法可以对具体的问题进行深层次的追问。

四、简核目录法

每一个设计、每一个创新都包含了很多方面的内容，简核目录法就是针对某一方面的独特内容，把创新的思路逻辑归纳成一些用以简核的条目，使思路系统化，克服天马行空的遐想，有效地帮助我们突破原有设计水平以进入另一个新境界。但简核目录法也有局限，运用该方法一般难以取得很大的突破，在改良产品设计等方面运用得比较多。

简核目录法大致有以下八条。

1. 改变

试着改变事物的功能、形状、运动、气味、光亮、音响、外形和外观。

例 1：喝汤时，把汤匙放入汤碗里，汤匙太短就常会滑到汤里去，吃饭的人要费很大的劲去把它捞上来，还得再清洁汤匙柄，这样很不方便。那么，在汤匙柄的形状上改一改，把它弯一下，或者在柄上开一个斜形小豁口，让它能卡住碗边，这样不就解决问题了吗？

例 2：大街上常设有许多绿色的信箱，这为人们的生活提供了许多方便。但邮政部门每天要派许多专车取这些信箱里的信，投入的成本较高，长此以往，亏损严重。一位聪明人出了一个主意：改变信箱的外观，将它们制成漂亮的铝合金材质的信箱，在它们的正面部分设天气预报栏和广告栏，再装上灯，赋予它们现代都市气息。这样一来，这些信箱每年仅广告收入就可达上百万元，有利于扭亏增盈。

例 3：用螺丝刀拧螺丝时，如果是在暗处背光的地方，就需要别人拿手电筒帮忙照亮，很不方便。但如果在螺丝刀的柄上装上一个透明的东西，然后再在这当中安装一个小手电珠和电池，就制成了可以发光的螺丝刀。

例 4：改变一下玻璃的颜色，就可以用来装饰和制作太阳镜；日本人在豆腐中加入蔬菜汁，制成了绿色豆腐。音乐门铃、音乐贺卡、音乐牙刷、音乐生日蛋糕盒等系列发明则是改变声音的结果。将灭蚊药水的气味改变一下，制成带有香味的灭蚊香水，这是嗅觉上的改变。老式饼干只有一种口味，如今有咸的、甜的、椒盐的、茄汁的、海苔的等多种味道，这是味觉上的改变。

2. 增加

试着增加些什么，附加些什么。如试着增加使用时间、增加频率、增加尺寸和强度、增加成分，试着提高性能，试着放大若干倍看看等。

例 1：有一道智力题：有个牧民临终前对他的 3 个儿子说：“我只有 17 匹马，老大分 1/2，老二分 1/3，老三分 1/9，都必须分活马。”父亲去世后，3 个儿子思考了好几天也分不开，因为 17 不能被 2、3 或 9 整除。这时，一个骑马的人路过这里，帮助他们解决了这个问题，他是怎么办到的呢？这位过路人用的就是“附加”思路，他将自己的马暂借给三兄弟，这样共有 18 匹马。老大分 1/2，得到 9 匹马，老二分 1/3 得到 6 匹马，老三分 1/9 得到 2 匹马。三兄弟加起来共 17 匹马。之后骑马人仍骑着自己的马赶路了。

例 2：以下 4 个新发明都是“增加”“附加”思路下的产物。

设想 1 是一种带火柴的香烟，将一排火柴杆和小磷片贴在香烟盒的侧面，使人免去“借火”的尴尬。设想 2 是一种三用笔，一端是钢笔，另一端根据双芯圆珠笔的原理制成圆珠笔与铅笔两用式。设想 3 是在普通打气筒上用皮带子连上一个可给球打气的打气针。设想 4 是在原有量角器上加一个指针。用这种量角器测两条边很短的夹角，就不用先画延长线将一边延长，使之与量角器的刻度相交了。

例 3：你有一个孩子，就推一辆婴儿车，如果是双胞胎，就推两辆婴儿车，可是如果是三胞胎或多胞胎呢？设计师用很简单的办法解决了这个问题，把三辆车合并为一辆，用一个把手推就可以了。（图 4-13）

图 4-13

3. 缩小

试着减少些什么，试着密集、压缩、浓缩、聚束、微化；试着缩短、变窄、去掉、分割、减轻。

例 1：买生日蛋糕需要事先订购，因为蛋糕上面还要用奶油写上订购者所需的一些问候语。但这样一来，定购者就要来回跑商店，太麻烦了。后来，一位发明者想到，把销售的蛋糕的中心部分空下来，让定购者回去自己“写”，只要给他们一支“笔”就行了。于是，他将三色的大盒奶油向“缩小”的方面考虑，分别灌入三个像牙膏管一样的小管里，放在蛋糕盒里边。顾客不用事先定购，直接到商店买完蛋糕后就可回家，在家里用“奶油笔”写上自己需要的“祝……生日快乐”等问候语就可以了，既节省了时间，又具有情趣。

例 2：一家儿童用品商店为了提高营业额，让营业员们出主意，一位营业员利用“缩小”的思维，想到将玩具柜台改成“儿童型号”的，即比普通的柜台矮一半。这样做，虽然营业员取放东西不太方便，但能吸引孩子们自己参与挑选玩具，成功促进销售。

例 3：一般的桌子有 4 条腿，减掉 1 条会怎么样（图 4-14），减掉 3 条又会怎么样呢，会倒吗？有一种桌子就只有一条腿，桌子的另一端放在使用者的腿上，这样使用者的腿就变成了桌子的另一条腿了，而且非常稳固。（图 4-15）

例 4：自行车都是两个轮子，如果只有一个轮子呢，它还能骑吗？中外两位勇士用自己的实际行动证明了这是可行的。（图 4-16、图 4-17）

图 4-14

图 4-15

图 4-16

图 4-17

4. 代替

试着找人代替，试着用别的成分来代替这种成分、这个过程、这种能源、这种声音、这种颜色或方法等。

例 1：1946 年，在美国通用电气公司工作的物理学家沙弗尔等人发现，干冰颗粒对水蒸气有凝聚作用。他们由此进行研究，发明了人工降雨。然而，干冰不易存放，一般要保存在保温设备中。为了解决这一问题，美国物理学家冯内加特开始探索其他可以代替干冰的物品，终于发现碘化银是替代干冰的良好人工降雨材料，它能在室温下长期保存。

例 2：鱼类离开水就不能生存。过去卖鲜鱼鱼苗，运输时要用能盛水的塑料箱或塑料袋，往往水的重量是总重量的 3/4，而鱼的重量仅为 1/4，所需包装工具多，运输费用高。于是，香港一个水族馆经过 3 年的研究，研发出了替代品。它是一种特制的塑料盒，将鱼捞起，平行排放在这种盒中，中间垫上湿纸，然后在鱼身上喷上一种对人无害的药水，使之“昏昏睡去”，这样就实现了无水运鱼。如果能在 50 小时内运到目的地再放入水中，鱼的成活率几乎可以达 100%。

例 3：采用硫黄、氯酸钾、木炭、银粉等原料生产的爆竹，敏感度高，容易引起火灾和爆炸事故，燃烧时会放出大量的一氧化碳、二氧化硫和氯等有毒气体，既污染空气，又危害人体健康。南宁市余坤工程研制出一种替代品——安全鞭炮。它不是简单地用电子音响替代爆竹声音，而是用碳粉、松香、锰粉、淀粉等材料制成。这种鞭炮比传统的鞭炮爆响率高，响声更好听，还能散发出玫瑰香味，对人体没有危害，又可安全运输。

5. 转化

试着探索新用途，看是否有新的使用方式，能否应用到其他领域，能否找到其他使用对象。

人们从事发明创造大体有两种途径：一种是先认定目标，再据此寻找达到这一目标的方法；另一种则与此相反，是从某一现有的事实出发，通过多向思考，使其向其他不同领域延伸，从而引出新的目标。人们在不同领域所使用的装置、方法，实际上运用的许多道理都是相通的，只要对每一种事物或方法认真探索，总会引申出前所未有的用途并发现新的应用领域。

例 1：从格列戈尔发现钛起，到美国化学家亨特、荷兰的科学家范 · 阿克尔和德博尔制出很纯的金属钛，钛一直没有在生产中派上用场，被人们称为“毫无用处的金属”。到了 20 世纪 40 年代，人们发现钛合金在高温下能保持良好的机械性能后，开始将钛合金引入飞机制造业。速度超过音速 3 倍的飞机，其材料含量的 95% 都是钛合金。后来，人们发现钛还有亲生物性，并且强度高、耐高温、抗腐蚀，其密度与人骨相似，能很好地和人体肌肉长在一起。于是，又将其引入医疗行业，用来制造人骨头，以代替人体损坏的骨头。1960 年，美国科学家发现钛镍合金具有记忆力，于是钛又被人们广泛用于固定机器零件和制成自动开合的天线。不久，人们又发现钛有抗磁性，便利用它做出了质地优良的战舰。按这一思路，我们发现只要充分认识钛的性质，就能将它应用到更广泛的领域中。钛的技术引申实际是其他技术引申推广的一个缩影，具有很好的参考价值。

例 2：玩具的市场目标历来是儿童，许多人认为只有儿童才玩玩具，殊不知随着物质生活水平的提高，人们对精神生活的要求也更丰富，玩具在成年人中也不乏爱好者。不少老年人把玩玩具当作健康娱乐、陶冶情趣的活动。于是，一些玩具商颇具慧眼，在儿童玩具设计的基础上提高智力水平和情趣，提高玩具的运动量，成批地生产出全年龄段玩具，如魔方、猜谜球、智力纸牌以及康乐型玩具等。

6. 引申

试着找找类似的东西，试着模仿、借鉴。

例 1：上海市一位 12 岁的小学生茅嘉陵看到外婆晾晒衣服时往高处穿绳子很不方便，他从弹弓

图 4-18

和叉棍的形状得到启发，利用杠杆支点转移的办法发明了一种穿绳器。这种穿绳器不仅可以在高处穿绳索、架电线，广泛应用于日常生活中，还可以在登山运动员攀登时使用，因为茅嘉陵画的是穿过一个横杆，但实际上穿绳器同样可以穿过固定的圆环、树杈状物体。

例 2: 每个人可能都会有这样的体会，即用手拆开封好的信封往往不太容易（特别是牛皮纸信封），弄不好就会连信封内的信纸一起撕下。于是，有人做了两项小发明：一是受邮票打孔便于撕开的启示，在信封的一头像邮票那样打上一排小孔，做成了便于撕开的“有孔信封”；二是受到切割机的启发，在信封封口的同时贴上一根露头的小线绳，对方拆信时只要一拉绳，细绳就会将封口整齐割开。

例 3: 武汉市一位名叫陈刚的中学生是化学学科的科代表，每次上课前都要为老师搬实验用的塑料水槽，水槽笨重且两侧光滑，他搬运时感到很不方便。有一次，他见建筑工人用砖夹子搬砖，很受启发，随后他研制了一个简易的“水槽提把”。用它提水槽时，提把对水槽的作用是勾和夹同时进行，水槽越重，提把夹得越紧。由于加了提把，水槽的重心降低了，搬运起来也安全、方便、省力了。

7. 颠倒

试着正反颠倒，头尾、位置颠倒，成分互换等。（图 4-18）

例如一位名叫大石进二的日本人在本州岛盖了一个汽车旅馆。可是，由于那里气候不好，而且常发生地震，到那里观光的游客并不多，他濒临破产。出于无奈，他拜访了一位建筑设计师。这位设计师受比萨斜塔吸引大批游客的启发，突发奇想，为他重新设计了一座外观上与正常房子完全不同的倒悬的房子，这既能够提醒人们时刻提防地震，又能够满足旅游者寻求刺激的心理。这种倒栽葱式的汽车旅馆建成后几乎天天客满，大石先生的生意取得了巨大的成功。

8. 组合

试着将几个事物组合在一起，试着混合、合成、配合、协调、配套，试着重新排列顺序。

例 1：有人设计了一种新式酒瓶，外部与普通酒瓶差不多，内部却将两部分容器组合在一起，一半装高度酒，另一半装低度酒，转一下，给喝酒的客人倒出高度酒，再转一下，从同一瓶口倒出来的是给不会喝酒的客人喝的低度酒。用这种方式制成酱油和醋的两用瓶也可以。

例 2：生活中我们经常会忘记按时吃药，有时候药品带在身上都会忘记要准时吃。设计师把药和便笺纸组合到了一起，设计了一款可以粘贴在任何物品表面的药品包装袋，可以在背面写上按时吃药的备注，贴在醒目的地方，以后就不用再担心忘记按时吃药了。（图 4-19 至图 4-21）

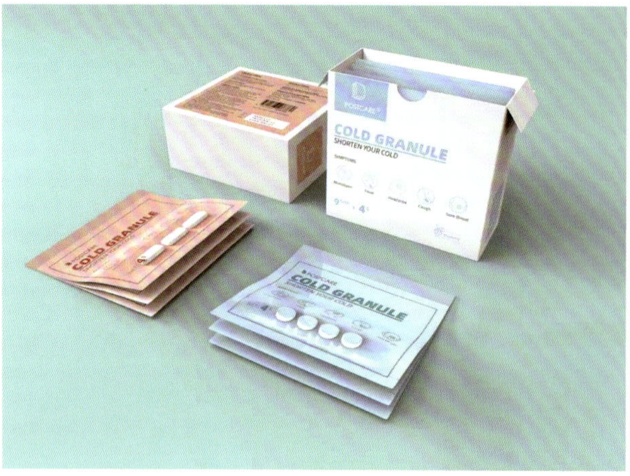

图 4-19

图4-20

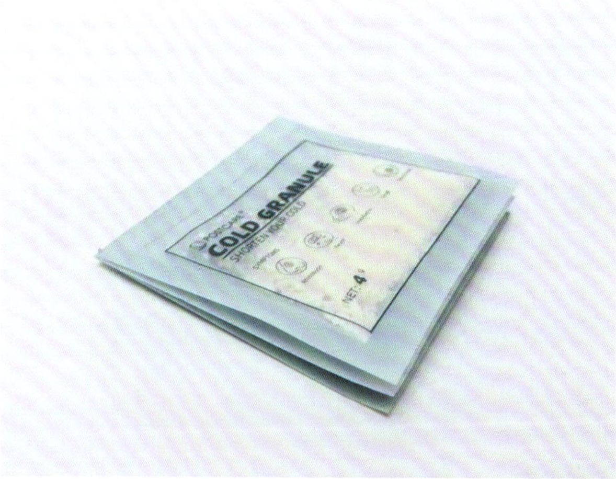

图 4-21

美国学者贝利在《工程师的创造力训练》一书中列出了 70 多条思维提示线索，这些线索都是重要的解题思路，很有借鉴作用，包括：暂时放弃、增加、备选方案、研究异常情况、假设质疑、特征列举、梦想、批评改进、向公认的理论挑战、从竞争对手角度思考、反向思维、激发好奇心、引导兴趣至特定问题等。

这些线索提示十分有效，而且创造心理学研究发现，这些措施可以帮助发明创造者摆脱困境，获得启示，改变思路，比一直苦苦冥思要好得多。

第三节　非推理因素的直觉灵感法

一、灵感法

很多科学家都能从生活中得到启示，获得发明创造的灵感。能启发一个人灵感的机会很多，怎样才能抓住它们呢？唯一的办法就是不轻易放过任何一个对你有用的现象。历史上无数的发明、发现表明，创意老人总是先给你送上他的头发，当你没有抓住再去后悔时，就只能摸到他的秃头了。

引发灵感较常用的方法，就是愿用脑、会用脑和多用脑，也就是遵循引发灵感的客观规律的科学用脑。凡是善于引发灵感，能够形成创造性认识的人，都很会用脑。一般人以为显而易见的现象，他们会产生质疑。他们的特点是喜欢独立思考，遇事多问几个“为什么”“怎么办”。

《花花公子》杂志的创办人海富纳本人也是个花花公子。他在学生时期学习成绩一般，但他喜欢幻想。他在二战时参军，获派文字工作。在军队里，他听到很多朋友谈各种艳事，每次都把他说得心里痒痒的。于是他想到，既然男女之间的事是很多人都喜欢谈论的话题，如果能把它做成一门生意不是很好吗？退伍后，他办起了《花花公子》杂志，受到了很多人的欢迎，于是越办越大，发行量从 6 万份增加到 6000 多万份。从海富纳的成功我们可以看到，灵感只会降临在有准备的人的头脑里。如果他当时只是听别人说说，以此当作寂寞时的消遣，那么现在也就没有《花花公子》这个杂志了。“机不可失，时不再来”，只有善于捕捉信息的人，才能把赚取巨额利润的机遇变为现实。

二、废物利用法

法国哲学家傅立叶有一句名言：“垃圾是放错地方的资源。”

随着人们生活范围的扩大、生活水平的提高，消耗也越来越大，废物也就越来越多。废物处理已经成为人类的一大难题，它关系到生态平衡、环境保护等诸多方面。在创造性思维中考虑到废物利用、变废为宝这些因素将会大大增加创新的价值。

1974 年，美国政府为了清理那些给自由女神像翻新所扔下的废料，向社会广泛招标。但好几个月过去了，却没有人来应标。有个人听到了这个消息，他看到自由女神像下堆积如山的铜块、螺丝和木料后，马上就接了标。当时有不少人对他的这个举动都不理解，因为纽约州垃圾的处理有严格的规定，如果处理不当就会受到严惩，弄不好还会受到环境保护组织的起诉。就在大家都等着看他笑话的时候，他开始对废料进行分类。他让人把废铜熔化，铸成小自由女神像；再把木头加工成木座；废铅、废铝做成纽约广场的钥匙。最后他还把从自由女神像身上扫下的灰尘都包装起来，卖给了花店。不到 3 个月的时间，他把这堆无人问津的废料变成了 350 万美元。每磅铜的价格翻了 1 万倍。

这个故事告诉我们，只要有心，垃圾也能变成黄金。可见废物利用法在生活中的重要性。

码 4-1 徐冰作品

2011 年 9 月 11 日，徐冰在纽约目睹了世贸双塔的灾难。几天后，他收集了一包“9 · 11”事件中的灰尘，并以此为素材创作了《何处惹尘埃》。在展厅中，他将这些灰尘吹散，灰尘所覆盖的地方显现出两行英文：“As there is nothing from the first,where does the dust itsey collect?”（本来无一物，何处惹尘埃？）。原本尘土是没有价值的，但是在艺术家的作品中，尘土从毫无意义的废弃物变成了真正的“寸土寸金”。

在我们还在为地沟油泛滥烦恼的时候，芬兰提出了进口我们的地沟油用于提炼成航空燃油。

荷兰为此还专门设置了一个再利用设计展，就是为了让大家都能参与到废物利用的设计中来，设计出更多、更好的废物再利用的作品。比如如何利用过期后的日历牌一直是一个问题，设计师针对这个问题设计出了图 4-22 中的作品，其特殊之处在于里面含有植物种子，只要你浇上水就可以

图4-22

图4-23

图4-24

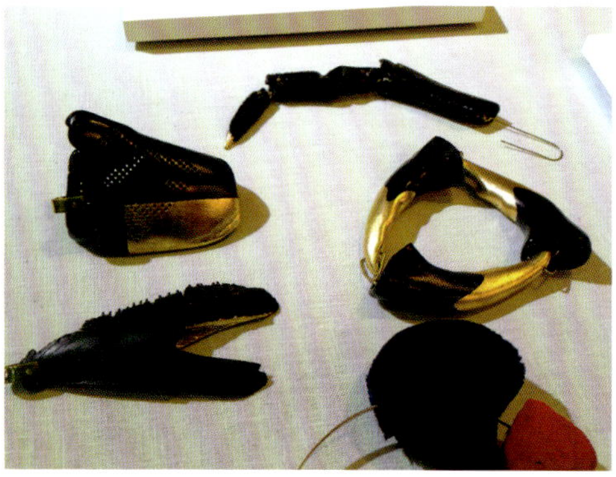

图4-25

生长。生活中随手扔掉的垃圾，甚至是我们口中的食物，经过设计师的巧手，也能焕发出新的光彩。每年 9 月都是吃螃蟹的季节，大闸蟹满天飞，据说会吃大闸蟹的人吃完后剩下的壳还可以拼成一只完整的大闸蟹……英国的一位设计师就用大闸蟹的壳做成了首饰，这样餐桌上的垃圾也变废为宝了。(图4-23至图4-25)

餐具用久了想换新的，可旧的又舍不得扔掉，“食之无味，弃之可惜”。经过设计师的巧手，老旧的餐具也可以变身为一个巨大的钟（图 4-26），变身为精致的下午茶茶具（图 4-27）。废弃的工业用桶，摇身一变就成了一套小小的简易厨具：有洗手池、炉子、储存柜，甚至还有一个小型的冰柜，用改装后的工业用桶装修后的厨房也可谓“麻雀虽小，五脏俱全”。（图 4-28）

图4-26

图4-27

图4-28

第四节　思维为主的一般定性创造法

一、模仿创造法

人的创造源于模仿。大自然是物质的世界、形状的天地。自然界把无穷的信息传递给了我们，启发了我们的智慧和才能。模仿创造法是指人们对自然界各种事物、过程、现象等进行模拟、类比而得到新成果的方法。（图 4-29、图 4-30）

图 4-29

图 4-30

图 4-31

世上的事物千差万别，但并非杂乱无章。它们之间存在着相应的联系与类似，有的是本质的类似，有的是构造的类似，也有的仅仅是形态、表面的类似。有人说人为的造型活动是模仿自然法则的精华。如飞鸟的展翅高飞引发人类创造纸鸢、滑翔机甚至飞机等一连串的研究与发明；庄稼汉的竹编龟甲形雨具仿自乌龟的保护壳，不但防雨水，而且不妨碍工作；甚至近代建筑也模仿有机体的造型，如台湾东海大学鲁斯教堂，就是双手合十的祷告造型式样。

图 4-31 右侧是鹦鹉螺的剖面图，我们可以从中窥见一个整齐有序且令人叹为观止的呈一定级数增大的类似盘绕的形态，此形依贝壳容积的改变而改变。左边则是一款灵感来自鹦鹉螺的服装设计。图 4-32 中的造型来自自然界中的动物——蛇，在设计师不同的思维下演变成了各式各样的蛇形灯具。

在设计师的眼中，自然界的任何事物都是可以模仿的，看看这些可爱的设计吧。

小鸟，打开后才发现它原来是一把椅子。（图 4-33）

鱼骨头灯做得太像真的了，连这只小猫都被迷惑了。（图 4-34）

蜘蛛？不，别怕，这只是一盏吊灯而已。（图 4-35）

图 4-32

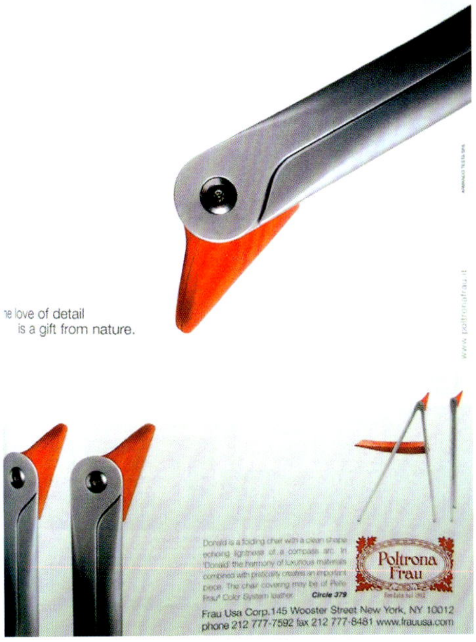

图 4-33

图 4-34

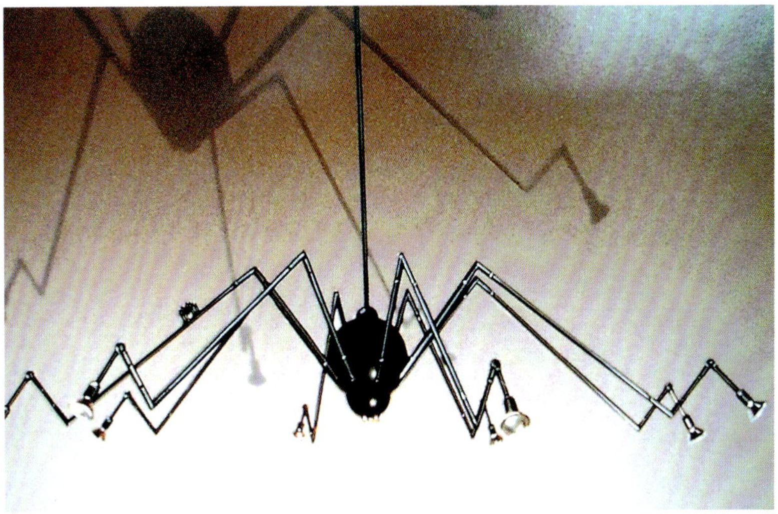

图 4-35

二、趣味设计法

趣味是心理上产生的一种热情和欲望。我们在对自然现象进行观察的过程中，总会发现许多有趣的事，而这种趣味可以转化为一种心理上的能量，激发我们去创造，并从中得到心理上的满足和愉悦。从自然现象中发现有趣味的审美情结和艺术形象，通过设计把这种趣味传达出来。心理学的研究告诉我们：如果人们改变了正常的视觉习惯，心理上就会产生新奇感。把各种不相干的形象用各种不相干的手法结合在一起，形成有趣的设计形式，使人看后感到新奇、不可思议，引发人们的兴趣，引起心理上的震撼。从创造性思维的角度来说，各种类型的趣味都是言谈举止方面所表现出来的一种创意。也就是说，对于大家都知道或者都能猜到的事物，我们是不会发笑的，能够引我们发笑的，一定是出乎意料的新东西，因为它改变了我们的习惯性思维。把几种本来没有任何关系的思想或事物突然结合在一起，就产生了趣味。所以趣味性能让一件很平常的作品或事物变得光彩照人，魅力无穷。（图 4-36 至图 4-38）

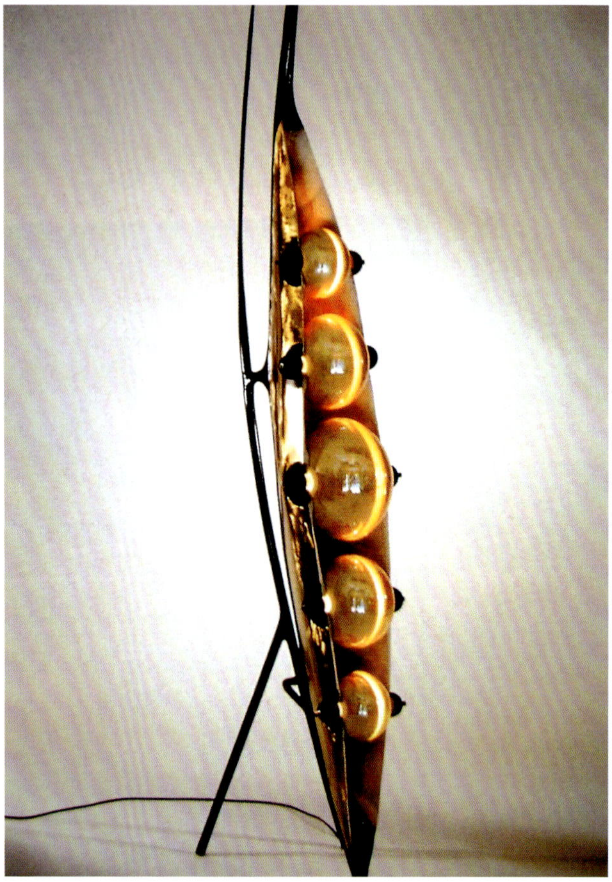

图 4-36

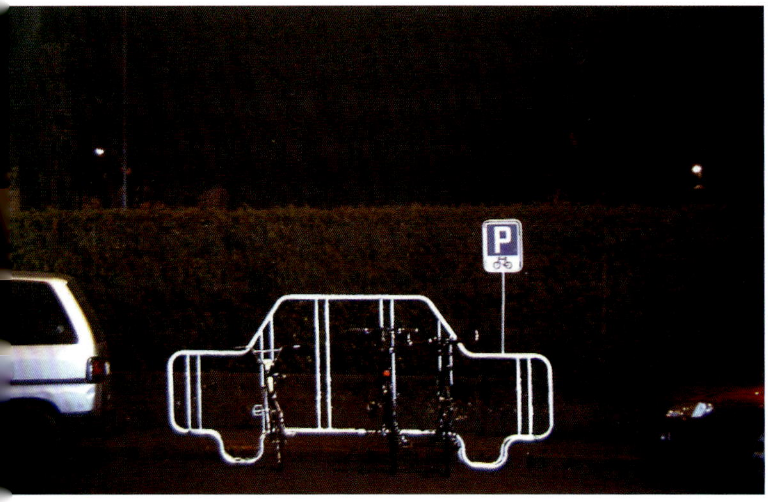

图 4-37

图 4-38

以下都是将趣味性同设计结合得非常成功的例子。图 4-39 中的婴儿奶嘴的设计，大胆有趣且充满童心，使人一看就忍俊不禁，印象深刻，产生购买的欲望。独特的抱枕也同样给人过目难忘的印象，特别迎合现代部分单身人士的需求（图 4-40）。你见过这样的座凳吗？这个设计堪称经典，给人一种错觉，好像两位大屁股女生坐在那儿，非常有趣（图 4-41）。还有我们平时用惯了的橡皮筋，都是圆形的。为什么不能是其他的可爱形状呢？日本一位设计师设计出了这些可爱的动物造型的橡皮筋，使其销量翻了数倍（图 4-42）。

码 4-2 趣味作品

图 4-39

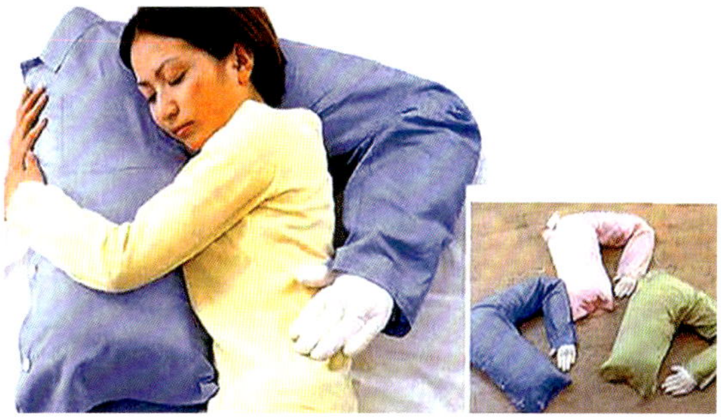

图 4-40

图 4-41

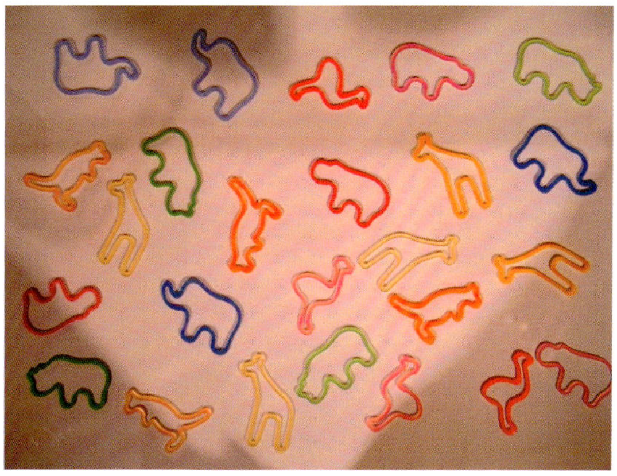

图 4-42

三、功能分析法

功能分析法是以事物的功能要求为出发点广泛进行创新思维，从而产生新产品、新设计的方法。任何产品都是为了满足某种需要而产生的，而需要的根本是功能，抓住了功能就抓住了本质。（图 4-43 至图 4-46）

有时我们在需要用手电筒或应急灯时，会遇到电池没电的情况。这个时候又找不到地方去买电池，怎么办？手摇发电、太阳能代替电池已经司空见惯了，现在有一款叫 lume 的手电筒，运用的是帕尔贴效应（即当有电流通过不同的导体组成的回路时，除了产生不可逆的焦耳热外，在不同导体的接头处由于电流方向的不同还会分别出现吸热、放热现象），当你握住它时，就会将你手上的热量转化为电能。只要电筒在手，无论停电多久都能常亮，再也不需要担心电池没电的问题了。

图 4-43

图 4-44

图 4-45

图 4-46

“我为形变而着迷，可以把一种事物变成另一种事物，这总会带给人们惊喜。我喜欢通过设计让人们微笑，而微笑来自心里的震撼与感动。我设计了一面镜子，而翻转后可以做熨衣板；我设计了一个烛台，而组装前它是一张贺卡……”一位来自丹麦的女设计师让我们看到了多功能的魅力。（图 4-47、图 4-48）

可不要小看这张小小的塑料桌子，它的功能可不是一般的小边桌可以比拟的。它可以是个小花瓶，可以是个大花盆，可以是个水果盘，还可以是个坚果盘，当然，它依旧是一张小桌子。（图 4-49、图 4-50）

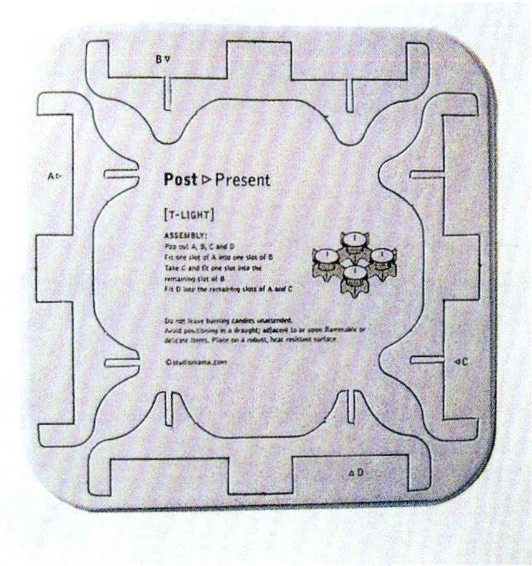

图 4-47

图 4-48

图 4-49

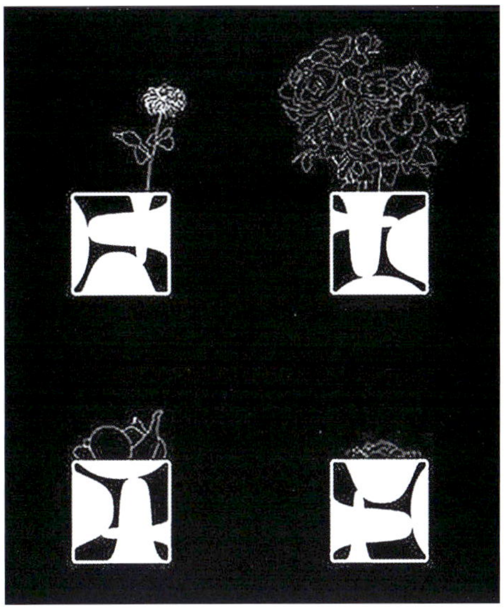

图 4-50

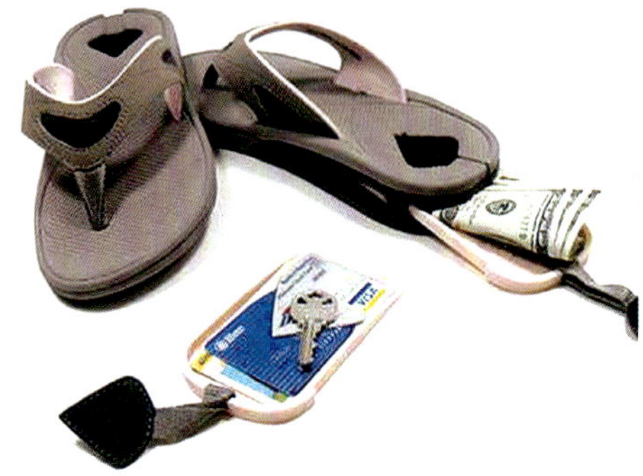

图 4-51

功能是因为需要而产生的。所以在设计一款产品之前，要了解用户最需要什么，哪些需要是亟待解决的，而哪些需要是可有可无的。夏天去沙滩玩的时候，泳装和沙滩裤都不适合装钱包、钥匙，但是这些东西又必须得带上。怎么办呢？设计师根据人们的需求，为沙滩鞋开发了一个新的储物功能。将藏在鞋底的“抽屉”拉开，钥匙、卡片和零钱终于有个安全的地方存放了。（图 4-51）

为原有的产品开发新的功能。2014 年的米兰家具展场中展出了一款特殊的画框或相框。这款相框改变了我们平时将相片挂在一整面墙上的习惯，不管是弧形的墙还是有转角的墙，都可以挂上这款特殊的相框。（图 4-52、图 4-53）

图 4-52

图 4-53

同样是在墙上的设计，这个置物架把艺术性和实用性结合得非常好。当置物架上不需要摆放东西时，所有的板子都可以向上推，这时整面墙就是一幅完整的画。拉下其中任意一个板子，就可以在上面摆放东西了。既方便实用、节省空间，又充满艺术气息。（图 4-54、图 4-55）

图 4-54

图 4-55

四、坐标分析法

坐标分析法是将两组不同的事物分别写在一个直角坐标系的 X 轴和 Y 轴上，然后通过联系将它们组合到一起。如果它是有意义并为人们所接受的，那么就会成为一件新产品。这一思考方法在新产品设计中应用更广，是一种极为有效的多向思考方法。比如你在设计一种新式钢笔时，以钢笔为坐标原点，然后画出几条与设计钢笔有关联的坐标线，在坐标线上加入具体内容（坐标线索点），最后将各坐标线上的各线索点相互结合，与钢笔进行强制联想，可以产生许多新设想。

如将钢笔与历史结合，可以联想到设计一种带有历史图表或刻有历史名人字样的钢笔。将钢笔与圆珠笔结合，可设想开发一种不用抽墨水的钢笔或不同笔帽的钢笔。将“钢笔”“温度计”“笔杆”联系在一起，可以想到笔杆带温度计的钢笔等。比如汽车具有说话的功能，就是会说话的汽车；锁具有说话功能的，就是会说话的锁。如果这些组合都已经实现，在图上我们用“△”符号表示。有疑问的用“□”符号表示。而如果汽车和太阳能结合在一起，就成了太阳能汽车，而这一组合是有可能实现的，但又存在一定的难度，我们用符号“.”表示。如果把锁和催泪弹结合在一起，可以用在保险箱上，而实现这个设想的难度并不大，我们用符号“○”表示。但是如果把锁和游泳结合在一起，就没有什么意义了，所以我们用符号“×”表示。（图 4-56）

你不妨也用这个坐标图试一试，看看能得出什么独创性的设想。

以上是任意列举一些事物加以排列组合。另外，还可以有意识地针对某一问题将事物加以分类，并进行排列组合，这样能给人们以启发，促进新产品的开发。

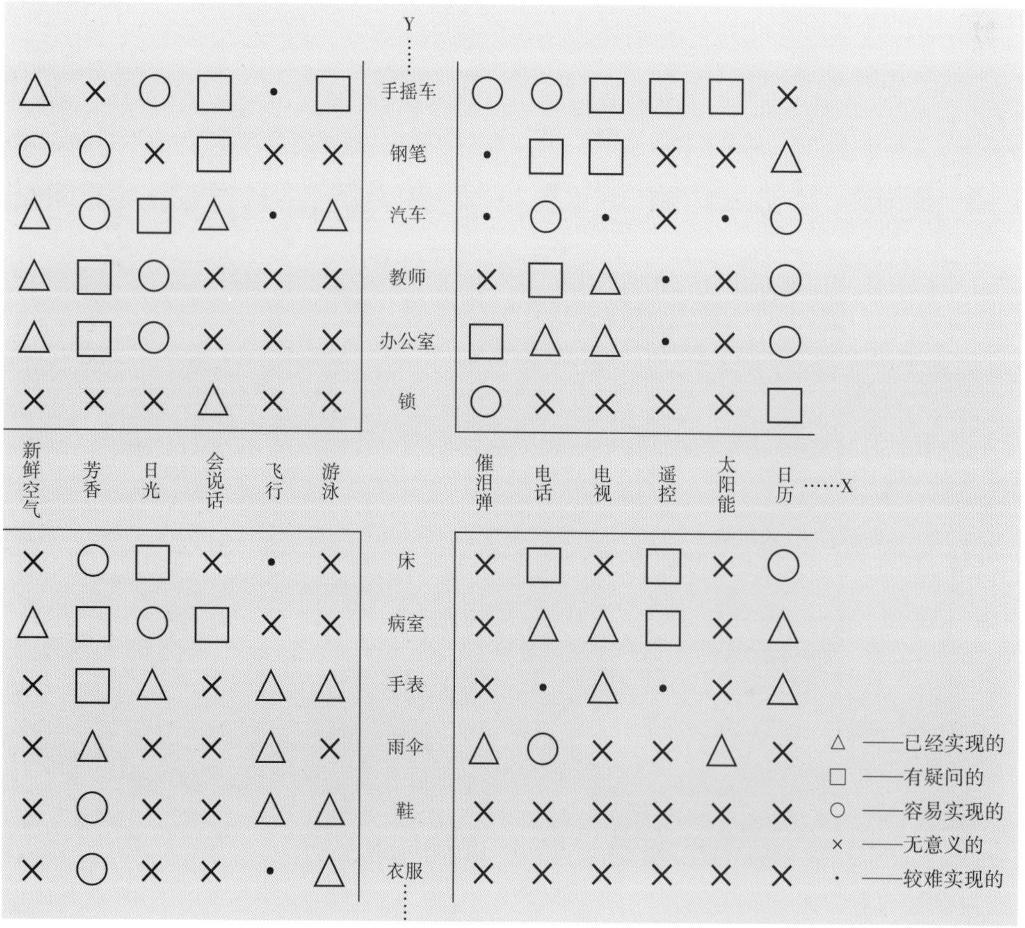

图 4-56

五、移植法

移植法就是将某一领域里成功的科技原理、方法、发明、创造等应用到另外一个领域中去的创新技法。现代社会高速发展，不同领域的相互交叉、渗透是社会发展的必然趋势。如果运用得法就会产生突破性的成果。比如把电视技术、光纤技术移植到医疗行业，就产生了纤维胃镜、内窥镜等，成功减少了病人的痛苦，提高了医疗水平，是一件意义重大的好发明。

1905年美国发明家贾得森发明了拉链并申请了专利，这成为20世纪最伟大的发明之一。拉链在我们的生活中无处不在，如衣服、家具、文具、钱包……现在，这个技术被移植到了医疗行业中：美国的一位外科医生将拉链技术应用于人体进行胰脏手术后的腹部，将一根长18cm的拉链消毒后直接缝合在病人的刀口处。这样医生可以随时拉开拉链检查腹腔内的病情，而不用多次开刀、缝合了，同时康复率也提高了。"皮肤拉链缝合术"从此诞生 。

图4-57、图4-58的裙子，就是设计师把折纸的技法移植到了服装上，产生了独特的肌理效果的成果，使人耳目一新。当我们把折纸移植到灯具上（图4-59、图4-60）、把雕塑移植到家具上（图4-61），会产生什么样的效果呢？结果是与众不同，产生了非常独特且具有个性的产品。

图4-57

图4-58

图 4-59

图 4-60

图 4-61

六、强制性创新思考法

1. 强制列举法

在创新思维中，强制列举法可以扩展人的思路，使信息膨胀并增值。

所谓列举，就是将一个事物、想法或事物各个方面的思维活动一一列出。列举者先是对对象进行拆分，分成各种要素，要素可以是事物的组成、特性、优缺点，也可以是该事物所包括的各种形态。然后将已有的各个部分或细节用列表的方式展开，使之一目了然，通过对这些正常情况下不易想到的要求进行思维操作，可以产生许多独创性设想。

人们提出了一些强制的让人按一定线索去列举的方法，也就是强制列举型扩展思路法。

（1）强制列举的方式、步骤。将事物的组成部分，如元件、部件、结构、材料、特性等一一列举出来。列举的顺序一般为：组成强制列举→特性强制列举。

组成强制列举是列举事物的组成要素及所用材料，试着以局部改进、替代等方式寻找思路。这种方式对已经发现事物缺点却苦于不知从何入手解决的人特别有用。

强制列举是对事物的特性进行分解和列举。特性列举的一般程序如下：感观特性（颜色、声音、气味）→外观特性（形状、大小、重量）→用途特性（运用领域、运用对象、用途）→使用者特性（使用者年龄层、职业、使用方式、使用频率）。

通过特性的分解，可以逐一考虑所列的每一要素，试着寻找创新的思路，如将某种特性改成与之相近或相反的特性，或者在一种用途基础上增加新的用途，或者寻找新的使用者，扩大应用领域等。

（2）要素组合。许多人常认为，独创必须是全新的东西，这是一种误解，许多独创性设想就其组成要素和性质而言并非都是全新的，如果以创新的角度看待旧事物，或将现有事物的要素进行重新编排组合，仍为创新。

要素组合方式就是以系统的观点看待事物，在将研究对象的组成要素和属性分解的基础上，以各种新方式探讨要素的新组成，从而实现整体创新。在要素列举阶段，利用这种方式应掌握的原则是：所选择的要素在功能上要相互独立，能代表一个独立类型；要素数量不宜太多；尽可能寻找重要的、起关键作用的要素。要素列举后，还要进一步多向思考，列出所有可能实现每一要素的手段和形式，它们也称要素载体。

要素组织方式多样，领域广泛，如将故事中的可变要素提取出来，加入各种可能的载体，通过组合可以构思出成千上万个故事。以下是各要素的载体（形态）。

书生：旧式书生、现代大学生、音乐家、未成名的工程师、画家、外国书生、未成功的企业家、医生、女性书生等。

落难：没有路费、被冻在风雪之中、途遇强盗、患病、游泳遇险、车祸、工程受到意外损失、未婚妻变心、演奏完时昏倒、在国外打苦工挣钱等。

小姐：千金闺秀、酒店女服务员、歌星、外国女学生、女导游、游泳健将等。

搭救：赠款、跳下水去营救、与坏人搏斗营救、长年看护在病床前、帮人补课、赞助留学费用、帮助安排一个职位等。

后花园：公园、书房、咖啡馆、飞机上、游泳场、途中、山顶上、医院里、大剧院、邻居家等。

订终身：接吻、订婚、郊游、通信、送定情物、男女对唱、给予鼓励等。

应考中榜：旧时中状元、获博士学位、演奏会盛况空前、考取国外大学、做官、成名、大病痊愈、搞出一项发明等。

衣锦团圆：结婚、环球旅行结婚、家庭同意婚事、机场邂逅等。

当然，按这个思路，也可以总结出爱情故事的几大要素，并通过要素载体搜寻与要素组合，构思出一幕幕富有独创性的戏剧故事情节。

2. 强制联想法

强制联想法就是运用联想的原理，强制使用两种或多种从表面看没有关系的信息，使之发生联系，产生新的信息，从而产生创新设想。在常规情况下，人们思考问题时容易受传统知识经验的束缚，常常提出一些大众化的想法，而强制联想法则是依靠强制性步骤迫使人们进行联想，从而将思路从熟悉的领域中引开，到陌生领域中寻找启示和答案。这一方法促使人克服思维定式，使有限的信息增值。

强制联想分为并列式和主次式两种类型。

（1）并列式强制联想

并列式强制联想一般是从一些产品样本、目录或专利文献中随意地挑选两个彼此无关的产品或想法，利用联想将它们强行联系在一起，从而产生一些新想法，或找到可以进行创新的某种突破口。

这种方法尤其适用于需要不断创新的工作，譬如构思文章、设计和制作广告等。然而，这种强制联想往往缺乏某种内在的联系，所得到的设想中常会有毫无道理的“畸形想法”，因此，思考者还需要对其所产生的设想不断地进行分析、鉴别，不断变换方式重新进行联想。

例如，从一个产品样本中选出“电梯”与“刷子”这两个事物。从表面上看，这两者没什么联系，但强制联想一下，硬是让你找一找它们的联系，你可能会想到：电梯可以升降，如果发明一个可升降的刷子如何？由此便想到让刷子的把手杆可以自由地伸长缩短，刷子上的毛的长短也可以调节，这样就可以控制刷毛的软硬度。另外，刷子是为了清洁用的，从清洁的角度在电梯上做文章，也会产生独创性设想。如可以在电梯内安放空气清新剂；还可以发明一种无须用手接触按钮的声控指令电梯。

（2）主次式强制联想

主次式强制联想是以需要解决的问题或要改进的事物为主成分，以随意自由地选定一个或多个刺激物为次成分，然后将主、次成分强行联系在一起，以次成分中的内容刺激和影响主成分，从而对主成分产生创新设想。

以改进牙刷为例，将牙刷作为主成分，再随意地选定一两个刺激物，如选择杠铃和剃须刀。将杠铃与牙刷“强拉硬扭”在一起，利用联想可能会产生下列设想：杠铃两头的负重可以卸换，可否将牙刷头设计为可卸式，给牙刷配上备用刷头，有硬刷头、软刷头等。由杠铃会想到健身与比赛，可以开发对牙齿有保健作用的牙刷，也可以通过有奖竞赛等方式进行牙刷的市场促销。同样，以剃须刀为刺激物可以想到电动牙刷、便于旅行携带的牙刷等。

5

第 5 章

设计课题：新材料创新设计

我们身边的任何一件设计作品都离不开材料。材料是设计作品的基本物质支撑，能给设计作品创造出新的性能。设计师选择合适的材料，赋予它恰当的形式、功能与意义。从某种层面而言，设计史实则亦是一部材料演进的历史。

日本设计师隈研吾说过："我一直在找寻 21 世纪建筑的基本驱动力，在 19 世纪是石头和木材，20 世纪是混凝土，21 世纪会是什么呢？我认为是新的材料，也可能是老的材料的新用法。"

在设计领域，材料与造型是相辅相成的，一件作品的诞生，是设计师让材料与造型彼此渗透，发生奇妙碰撞，并取得和谐一致的结果。选择适合的材料，诠释恰当的形态，这便是我们这个设计课题的目的。从以下这些案例可以看到同学们是怎样从发现材料到最后制作成创意产品的。

图 5-1

图 5-2

第一节 PAPI BALL（李慧敏、陈思宇、邹威宇）

一、发现材料

1. 磁流体

磁流体[ferrofluid，是拉丁语"ferrum"（铁）与"fluid"（流体）两词的混成词]，即铁磁流体，是一种在磁场存在时会强烈极化的液体。它由悬浮于载流体（载流体通常为有机溶液或水）当中纳米数量级的铁磁微粒组成。磁流体广泛应用于各种苛刻条件下的磁性流体密封、减振、医疗器械、声音等方面。（图 5-1、图 5-2）

图 5-3

2. 磁泥

磁泥，即带有磁性的橡皮泥，是一种磁力玩具。一般由橡皮泥和四氧化三铁糅合制作。（图 5-3）

图 5-4

3. 金属泡沫

金属泡沫即泡沫金属，是一种含有泡沫气孔的特种金属材料。它凭借独特的结构特点，具备密度小、隔热性能佳、隔音性能佳及能够吸收电磁波等诸多良好优点。作为随着人类科技进步逐步发展起来的新型材料，金属泡沫常用于航空航天、石油化工等一系列工业开发领域。（图 5-4）

4. 混凝土帆布

混凝土帆布是一种浸渍了混凝土的柔性织物，喷水 24 小时后就会硬化，其材料用量比传统混凝土节约 95%，应用范围十分广泛，包括应急避难场所、屋面、挡土墙、杂草抑制、洪水防御等方面。（图 5-5）

5. 琼脂

琼脂是从海藻中提取的多糖体，是当前世界上用途极为广泛的海藻胶之一。其具有凝固性、稳定性等物理化学性质，并且能与一些物质形成络合物，所以可用作保鲜剂和稳定剂。（图 5-6）

6. 硫酸铜

硫酸铜即五水硫酸铜（化学式：$CuSO_4 \cdot 5H_2O$），也被称作硫酸铜晶体。为了与“无水硫酸铜”相区别，通常将其读作“五水合硫酸铜”，其相对分子质量为 250，俗称蓝矾、胆矾或铜矾。（图 5-7）

7. 硼砂

硼砂，一般写作 $Na_2B_4O_7 \cdot 10H_2O$，是一种极为重要的含硼矿物与硼化合物。它通常呈现为含有无色晶体的白色粉末状，且易溶于水。硼砂的用途广泛，可被用作清洁剂、化妆品、杀虫剂，还可用于配置缓冲溶液及制取其他硼化合物等。（图 5-8）

图 5-5

图 5-6

图 5-7

图 5-8

图 5-9

图 5-10

图 5-11

图 5-12

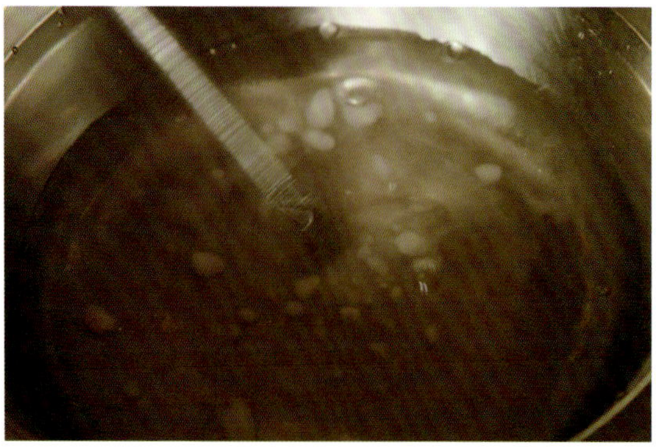

图 5-13

8. 压力葡萄

压力葡萄作为一种独特的玩具，人们可以通过挤压抓捏它的方式，有效舒缓压力。（图 5-9）

9. 纸树开花

纸树开花既是一种玩具，也是一种实验。把纸树浸入磷酸二氢钾水溶液里，借助毛细现象，水溶液会在纸树中快速上升，直至遍布整棵树体。树枝末端水分蒸发速度较快，溶解在水溶液中的晶体无法挥发，所以累积在末端的水溶液浓度越来越高，直至达到饱和，于是出现结晶现象，看起来就像开花了一样。（图 5-10）

二、材料实验

硼砂压力葡萄实验（制作气球内部液体）

1. 将硼砂、胶水与水混合并搅拌，直至液体变得黏稠。（图 5-11 至图 5-13）

2. 选择多种尺寸的气球作为盛具，接着将调好的硼砂黏稠物灌入气球内，再将网或线包裹于气球外部，随后进行挤压测试，并详细记录挤压后的形态变化以供研究。（图 5-14 至图 5-25）

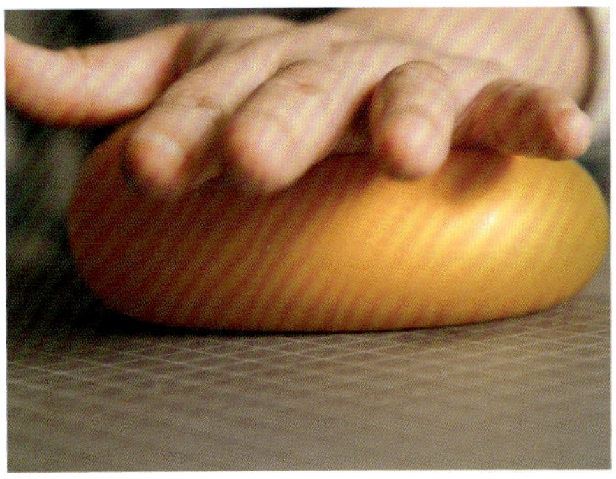

图 5-14

图 5-15

图 5-16

图 5-17

图 5-18

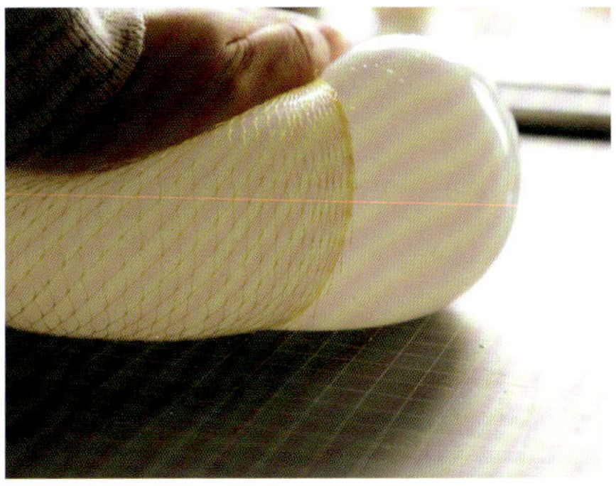

图 5-19

图 5-20

图 5-21

图 5-22

图 5-23

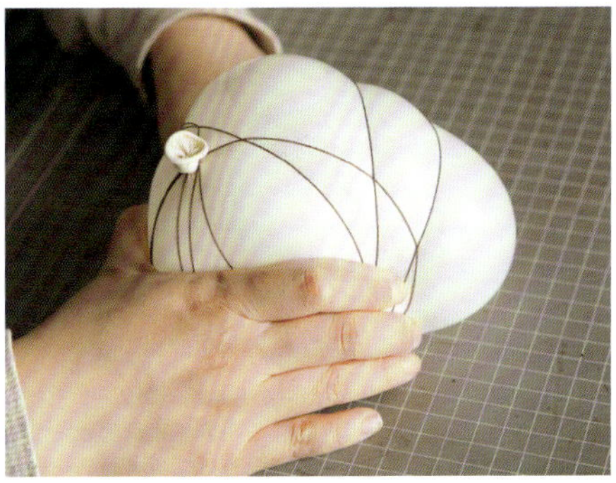

图 5-24

图 5-25

三、制作成品

1. 草图绘制。（图 5-26 至图 5-28）

2. 制作压力葡萄气球坐面。（图 5-29 至图 5-31）

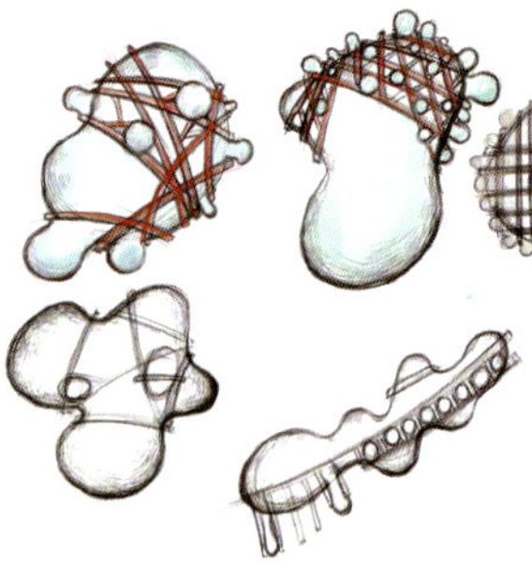
图 5-26

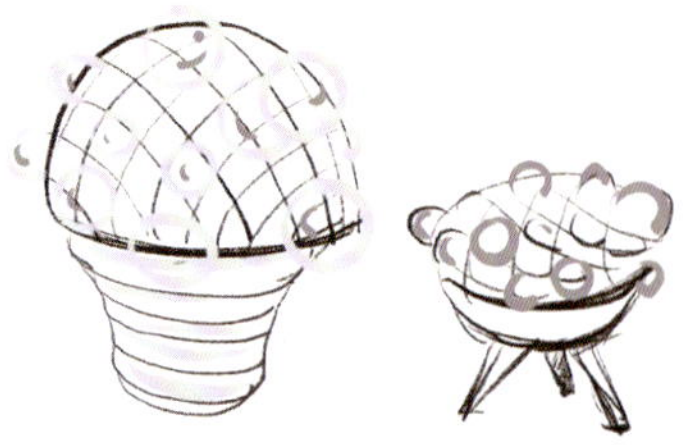
图 5-27

图 5-28

图 5-29

图 5-30

图 5-31

3. 做底座：以泡沫为基底，进行切削以塑造基本形态，接着对其进行精细打磨。再对泡沫进行表面处理，即先在其表面裱覆纱布，随后均匀涂抹由立德粉与白乳胶混合而成的液体，最后对处理后的表面进行喷漆处理。（图 5-32 至图 5-37）

图 5-32

图 5-33

图 5-34

图 5-35

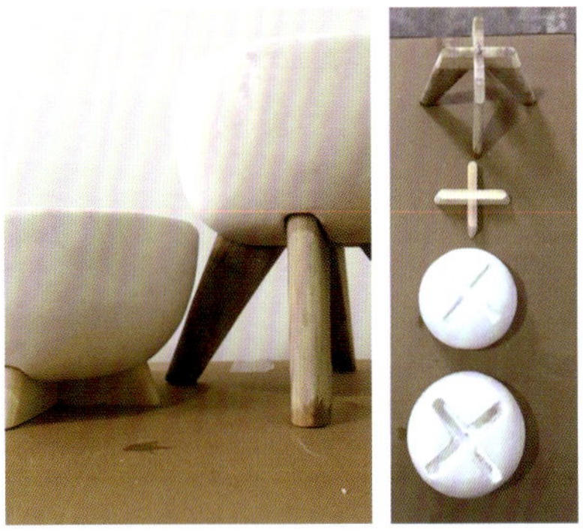

图 5-36

图 5-37

四、最终成品（图 5-38 至图 5-41）

码 5-1 PAPI BALL

图 5-38

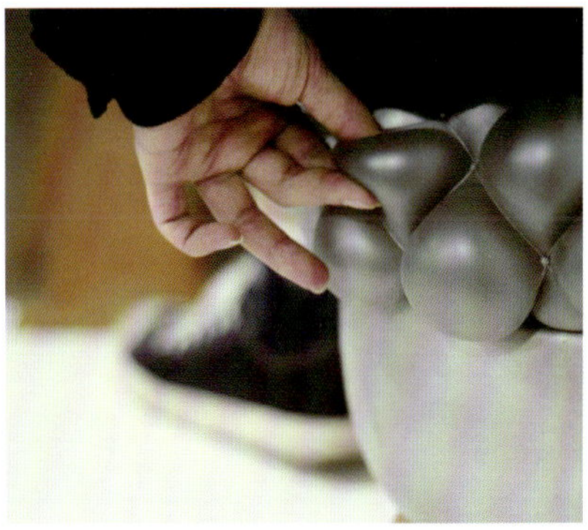

图 5-39

图 5-40

图 5-41

第二节　REVIVAL（彭琬棠、刘玮璇、谭婷）

图 5-42

一、发现材料

1. 蘑菇菌丝

蘑菇菌丝是菌丝体的分支。如图 5 - 42 所示，蘑菇下方为菌丝体，菌丝体已经很“苗条”了，但菌丝体更加“苗条”。这也是蘑菇菌丝被发现可作稳定黏合剂的原因之一。

蘑菇菌丝是一种强大且环保的天然胶水，能够替代用于黏合木材的胶水。我们只需用模具压实这些材料，再等待五天让其自然生长，其质感既像麂皮又像纸。

2. 夜光纱

夜光纱由 PP（聚丙烯）、PET（涤纶）、TPU（热塑性聚氨酯）、PA（尼龙）等材质制成。它在白天能够高效吸收光源，并将其转化为光能储存于纤维之中。在黑暗环境中，这些纱线可持续发光超过 10 小时，且此过程可无限次循环，无须任何外部能源。夜晚时分，它们能展现出迷人的发光效果。其具有良好的市场前景，是创新产品不可多得的优质材料。（图 5-43）

图 5-43

3. 金属盐、硅酸钠

金属盐与硅酸钠相互作用时，会生成具有各异颜色的金属硅酸盐胶体。这些胶体在固体与液体的交界面上会自然形成一层半透膜。在渗透压的作用下，水分持续渗透至膜内，最终涨破这层半透膜，使盐类物质再次与硅酸钠接触，进而触发新一轮的胶体（新的胶状金属硅酸盐）生成。这一过程循环往复，硅酸盐逐渐呈现出芽状或树枝状的生长形态，进而创造出令人惊叹的“水中花园”现象。（图 5-44）

图 5-44

4. 铋

尽管铋单质本身呈现银灰色，然而，一旦其表面覆盖上一层氧化物薄膜，这层薄膜便能通过光的干涉效应呈现出多彩的颜色，且氧化膜厚度不同，呈现出的颜色也不同。

铋不仅可用于作画，其单质在熔化后重新结晶成块状固体时，也同样展现出非凡的美感。铋晶体是高纯度金属铋缓慢冷却结晶的产物，具有复杂且规则的几何形态。在制作过程中，铋晶体会自然形成多彩的氧化膜，赋予其独特的观赏价值。而决定铋晶体最终质量与尺寸的关键因素，正是冷却时间的长短。（图 5-45）

5. 交互式木材

交互式木材是一种创新材料，其表面巧妙地融入了微弱光源，仅需轻轻触摸，即可唤醒其发光特性。（图 5-46）

6. 磁性织物

磁性织物是一种将磁性巧妙融入传统织物的创新材料。磁性的引入使织物在保留原有特性的基础上，性能实现了质的飞跃，它能发生显著变化，甚至可以固定形状，呈现出令人惊叹的新颖效果。（图 5-47）

7. 硅藻泥

硅藻泥是一种天然环保的内墙装饰材料，其目的在于替代传统的墙纸和乳胶漆。它既能为室内空间增添美感，又具有净化室内空气的功能。硅藻泥以粉体形式包装，这与常见的液态桶装材料有很大区别。其核心成分来自硅藻土，硅藻土是由硅藻经过亿万年自然形成的硅藻矿物。这些硅藻曾经广泛生活在海洋和湖泊之中，这使硅藻泥具有独特的自然韵味和环保特性。（图 5-48）

一铋

图 5-45

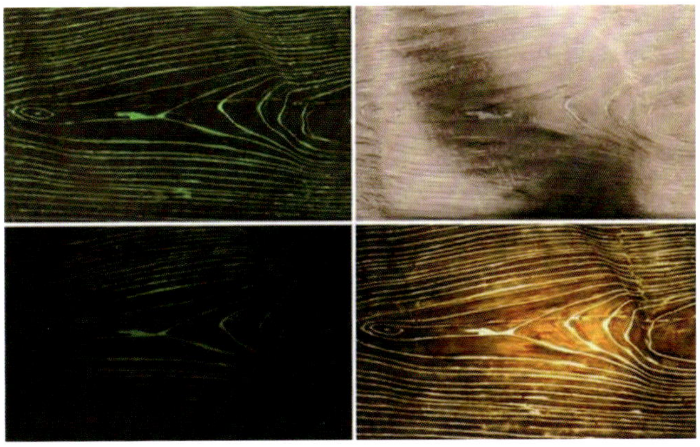

图 5-46

图 5-47

图 5-48

二、材料实验

以下为铋结晶实验（图 5-49）及铋与不同材料结合得到的不同效果。

1. 铋加泡沫实验。（图 5-50、图 5-51）
2. 铋加石头实验。（图 5-52、图 5-53）
3. 铋加水泥实验。（图 5-54、图 5-55）
4. 铋加其他材料（如夏布、铁丝等）实验。（图 5-56、图 5-57）

我们从这些材料中选取了铋与水泥的组合，呈现出独特的肌理特性。（图 5-58 至图 5-61）

图 5-49

图 5-50

图 5-51

图 5-52

图 5-53

图 5-54

图 5-55

图 5-56

图 5-57

图 5-58

图 5-59

图 5-60

图 5-61

三、最终成品（图 5-62 至图 5-66）

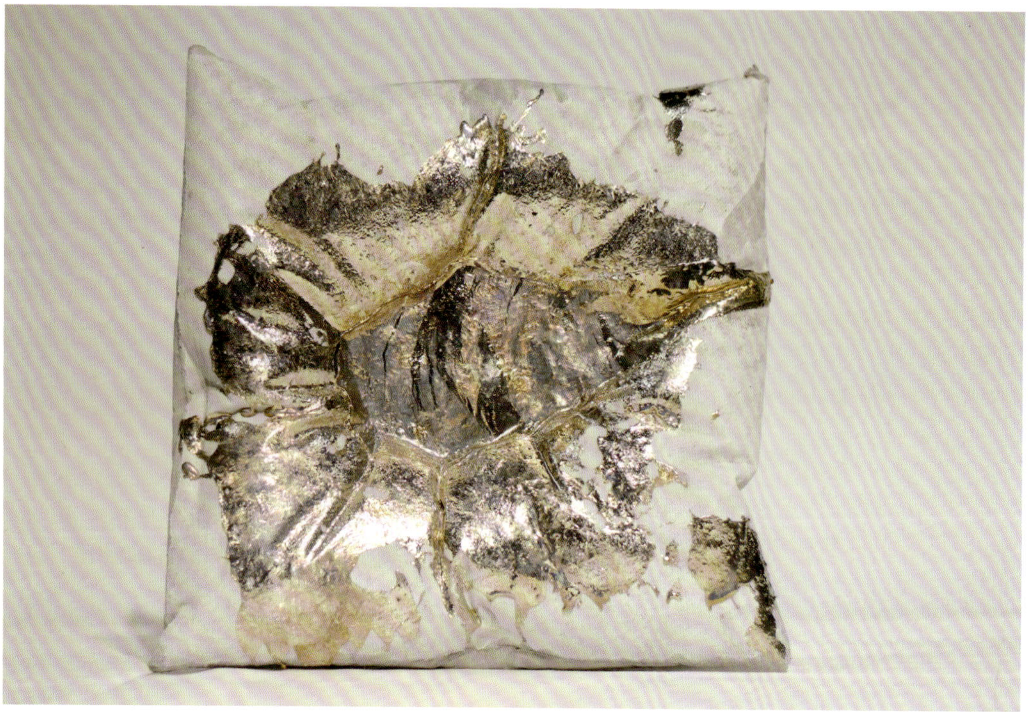

图 5-62

图 5-63

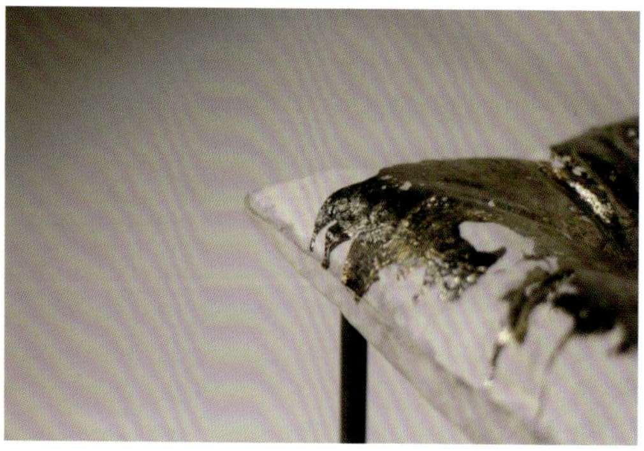

图 5-64

图 5-65

图 5-66

第三节　绵绵灯具（莫艳莹、李丛懋、戴颖露）

一、发现材料

1. 塑料板砖

塑料砖块的概念首次在非洲被提出。它通过将塑料袋融化并重新塑形，将其转化为实用的砖块。这种由塑料废弃物制成的砖块不仅成本低廉，而且制作过程切实可行。这些砖块源自废弃的塑料，经过人们的精心清洗、消毒后，然后被撕成类似胶棉的条状，再与泥土巧妙混合，最终制成坚固耐用的砖块。（图 5-67）

塑料砖块在高速公路、铁路基础设施及道路建造中得到了广泛应用。其灵活的特性使其在拓宽了应用领域的同时，还显著增强了高速公路的承重能力。

2. 导电油墨

导电油墨是一种由导电材料制成的特殊油墨，具有显著的导电性，广泛应用于印刷导电点和导电线路方面。此外，还有一种创新的导电漆笔，其墨水融合了纳米铜与银离子，涂抹在纸张上后能迅速干燥，形成导电性优良的金属薄膜，从而可以轻松绘制出电路图。（图 5-68）

3. 聚丙烯酸钠

聚丙烯酸钠具有对温度变化的稳定性，并且能够有效固定金属离子。在食品工业中，食品级聚丙烯酸钠作为增稠剂发挥着重要作用；在其他多个领域，工业级聚丙烯酸钠也展现出独特的功能与应用。此外，特制的聚丙烯酸钠与水混合后可创造出人工雪景，为娱乐及特殊场合增添趣味。（图 5-69）

4. 液态金属镓

液态金属镓（Gallium）为灰蓝色或银白色。它的独特之处在于熔点极低而沸点相对较高。尤为显著的是，纯液态镓有强烈的过冷倾向，并且暴露在空气中时容易迅速氧化，表面会形成一层保护性氧化膜。（图 5-70）

图 5-67

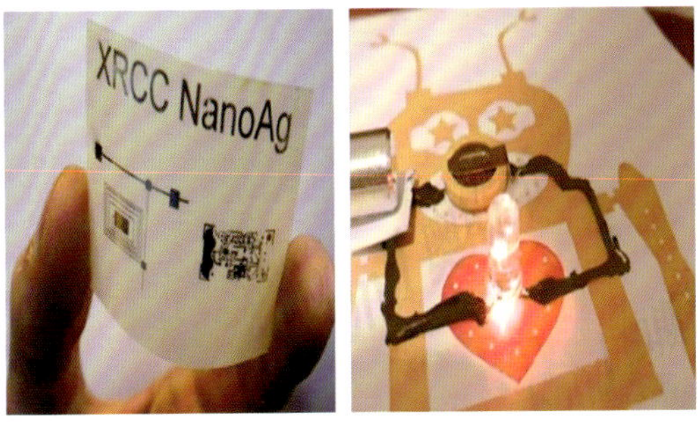

图 5-68

图 5-69

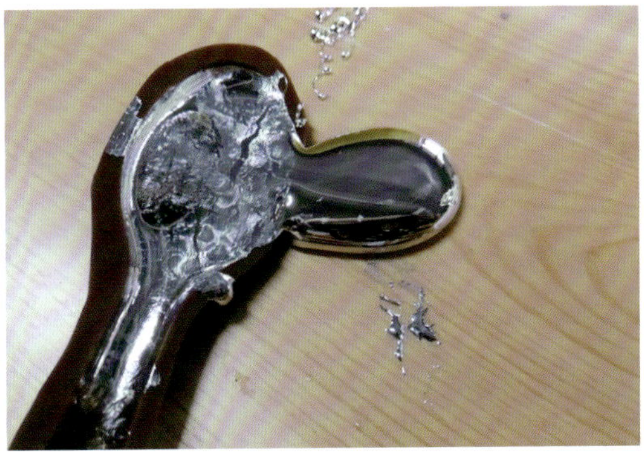

图 5-70

二、材料实验

1. 初步研究

（1）人造雪加 502 胶水

在人造雪中混入 502 胶水后，人造雪原本柔软的质地会显著变硬，且呈现出不易融化的特性。不过，在混入初期，其硬度并不会立即达到很高的程度。历经四天的时间，其表面会逐渐变得完全坚硬，外表上略带一丝珊瑚般的质感。（图 5-71）

（2）人造雪加树脂

在人造雪中加入树脂后，经过数日的静置，脱模取出时，其质地既非原有人造雪的松软，也非单纯滴入 502 胶水后所呈现的偏硬，而是巧妙地介于这两者之间，呈现出一种略带弹性的独特软硬度。（图 5-72）

（3）人造雪加 502 胶水加模具

在人造雪中加入 502 胶水，并运用模具进行塑形。（图 5-73、图 5-74）

2. 深化研究

尝试在之前加入 502 胶水的人造雪里置入小灯，蛋糕杯为底部，并观察小灯从缝隙里的发亮效果，进而尝试制作一个小创冰灯样品。

图 5-71

图 5-72

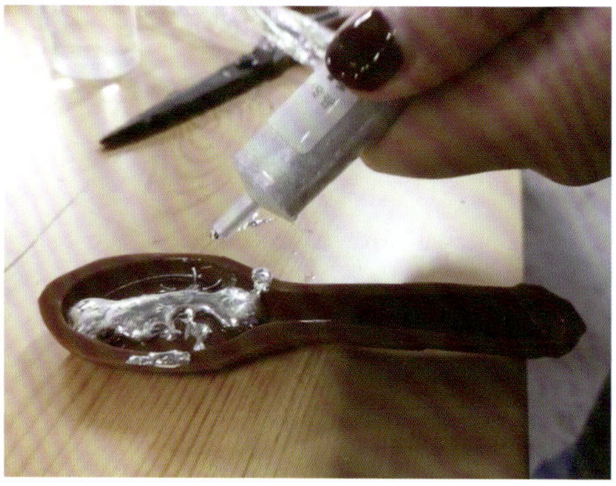

图 5-73

图 5-74

三、制作成品

首先，向碗中倒入大量的人造雪，并加水稀释以调节其质地；为避免 502 胶水弄脏碗边，可预先在碗内贴上保鲜膜；随后，将人造雪与灯具一同置于碗内，并小心滴入 502 胶水加以固定；接下来，尝试使用假奶油进行装饰，挤出类似冰激凌的形状；之后，轻轻剪去保鲜膜，并在表面挤上奶油，放上奥利奥饼干碎；最后，摆放上假水果块，增添色彩与趣味。（图 5-75 至图 5-79）

图 5-75

图 5-76

图 5-77

图 5-78

图 5-79

四、最终成品（图 5-80 至图 8-84）

码 5-2 绵绵灯具

图 5-80

图 5-81

图 5-82

图 5-83

图 5-84

第四节　小龙虾（蒋超宇、陈雅昕、刘学良）

一、发现材料

1. 小龙虾

小龙虾成体长度约为 5.6cm—11.9cm，体色呈暗红色，其甲壳部分则趋近于黑色，腹部背面则点缀着一条醒目的楔形条纹。至于幼虾，它们的体色较为均匀，呈灰色，有时还能观察到黑色波纹的点缀。

目前已有的关于小龙虾的设计：

（1）由皇家艺术学院和帝国理工学院联合设立的团队项目发展而来的壳业公司，正致力于研发一种创新型的生物降解环保塑料袋，旨在成为传统一次性塑料袋的环保替代品。这款塑料袋的主要原材料是小龙虾壳，其中富含一种名为“壳聚糖”的特殊成分。其最显著的特点在于无毒无害且易于降解，完美契合了当前社会对可持续发展的追求。

（2）长沙理工大学交通运输工程学院的吕松涛教授及其研发团队近期宣布了一项创新技术，成功地将原本被视为废弃物的耐高温小龙虾壳转化为宝贵资源，通过将其掺入沥青中，创造出一种新型的耐高温建筑材料。

2. 透光水泥

透光水泥是一种独特且广泛适用的新型建材，以其独特的透光性能脱颖而出。它由精细研磨的水泥与光纤（或树脂，依据种类不同）精心复合而成，主要分为两种主要类型：光纤类透光水泥与树脂类透光水泥。（图 5-85、图 5-86）

图 5-85

图 5-86

图 5-87

图 5-88

3. 棕榈油副产品

棕榈油副产品复合材料相较于普通塑料，坚固性更高，并且在其生产过程和整个生命周期中，力求实现更高的清洁度。我们通常把由棕榈叶材料制成的地毯称之为“棕榈皮地毯”，它不仅为可持续生活理念提供了实物支持，还为素食主义者和寻求非动物制品的消费者提供了除传统皮革之外的优质选择。（图 5-87、图 5-88）

二、材料实验

对厨余废料进行生物降解并制造可降解材料，是一种既环保又可持续的做法。

小龙虾实验

（1）烘干染色实验

将小龙虾去肉清洗后，进行高温烘干处理。不同的烘干方式会赋予小龙虾壳体独特的纹理效果。随后，利用漂白剂褪去壳体原有的红色主色调。接着，通过染色、喷漆及涂抹腰果漆等多种方法，为小龙虾壳体精心上色，以达到预期的效果。（图 5-89 至图 5-95）

图 5-89

图 5-90

图 5-91

图 5-92

图 5-93

图 5-94

图 5-95

（2）扁平化壳体实验

通过利用醋来软化龙虾壳体，随后将其压扁并以片状形式展现，以达成预期的设计效果（图5-96至图5-100）。图5-101为滴胶后的效果图，图5-102为加入纸浆的效果图。

（3）龙虾壳粉实验

先将龙虾壳榨成粉，再将其与由鱼皮熬制的鱼皮冻充分混合。随后，将混合物烤干，以形成独特的肌理效果。之后，可将此混合物与石膏粉进一步结合，创造出更为丰富的肌理层次。（图5-103、图5-104）

图5-96

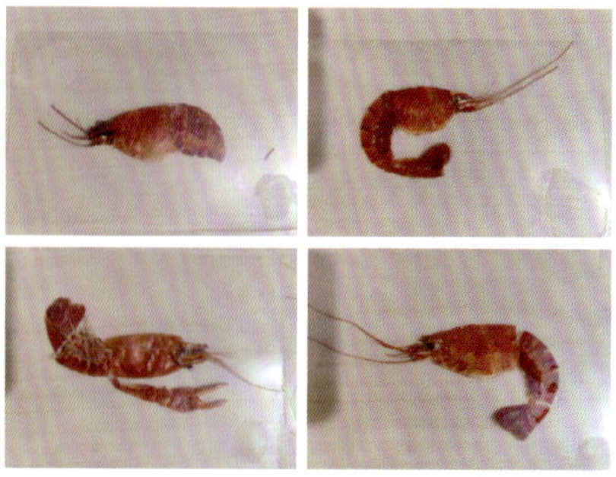
图5-97

图5-98

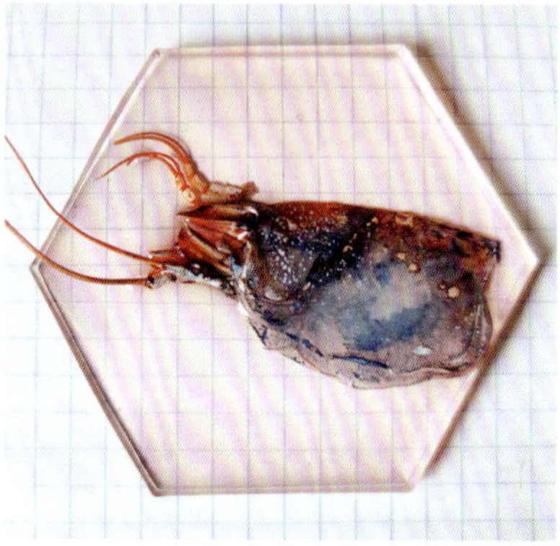
图5-99

图5-100

图5-101

图5-102

图 5-103

图 5-104 鱼皮冻龙虾

（4）龙虾和明胶结合的实验

明胶在食品中主要起凝固、稳定结构的作用。基于这一特性，我们可以巧妙地利用它来固定吹出的气泡，从而创造出独特的气泡肌理。另外，在衬托龙虾时，原本透明的滴胶因明胶的加入而增添了自然生动的肌理，为整体增添了层次与质感。（图 5-105 至 5-108）

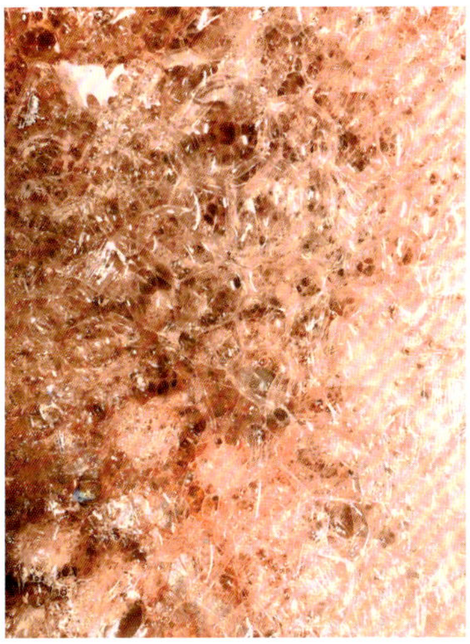

图 5-105

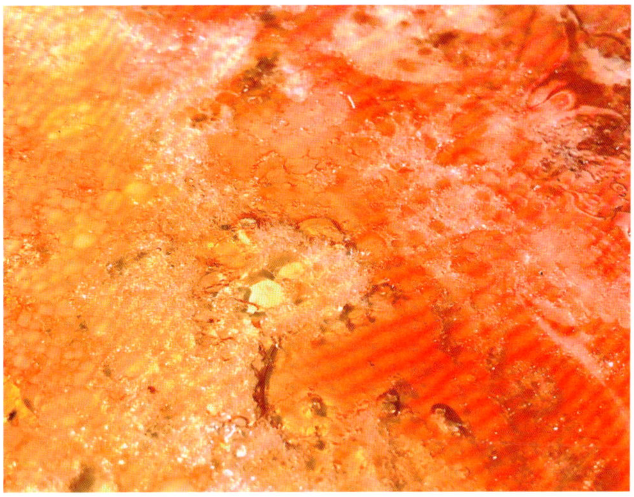

图 5-106

图 5-107

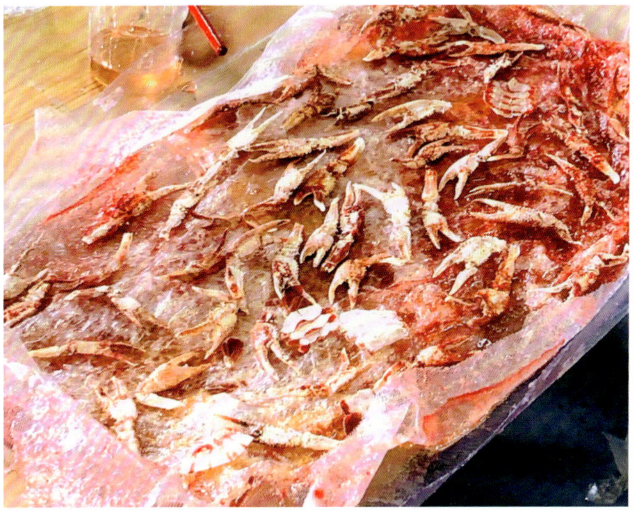

图 5-108

三、最终成品（图 5-109 至图 5-113）

图 5-109

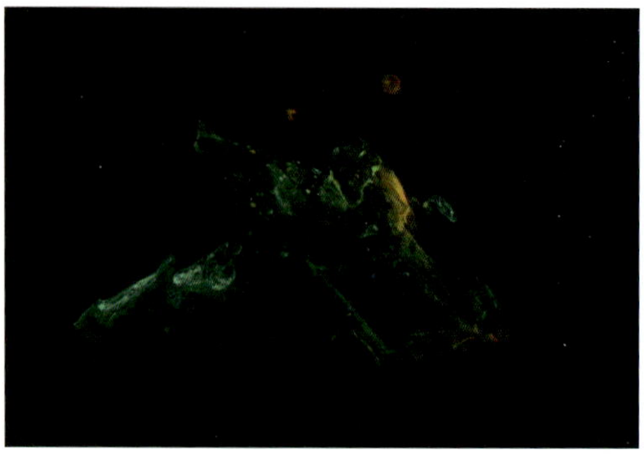
图 5-110

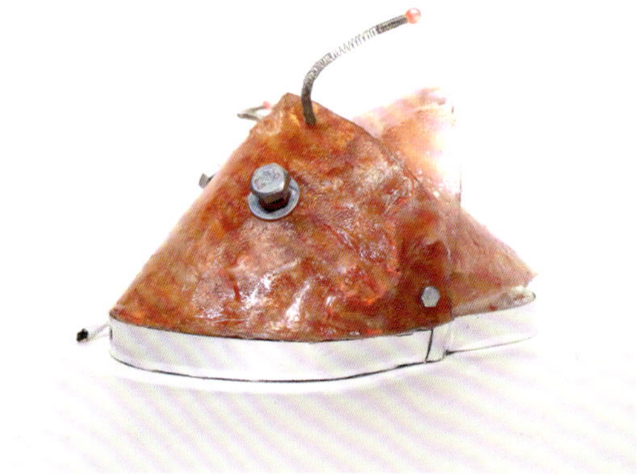
图 5-111

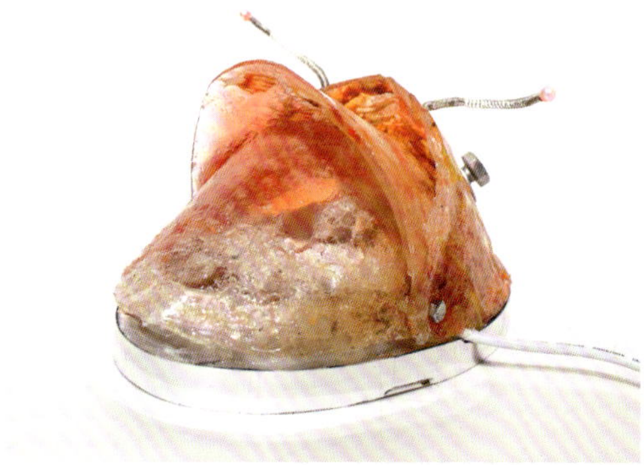
图 5-112

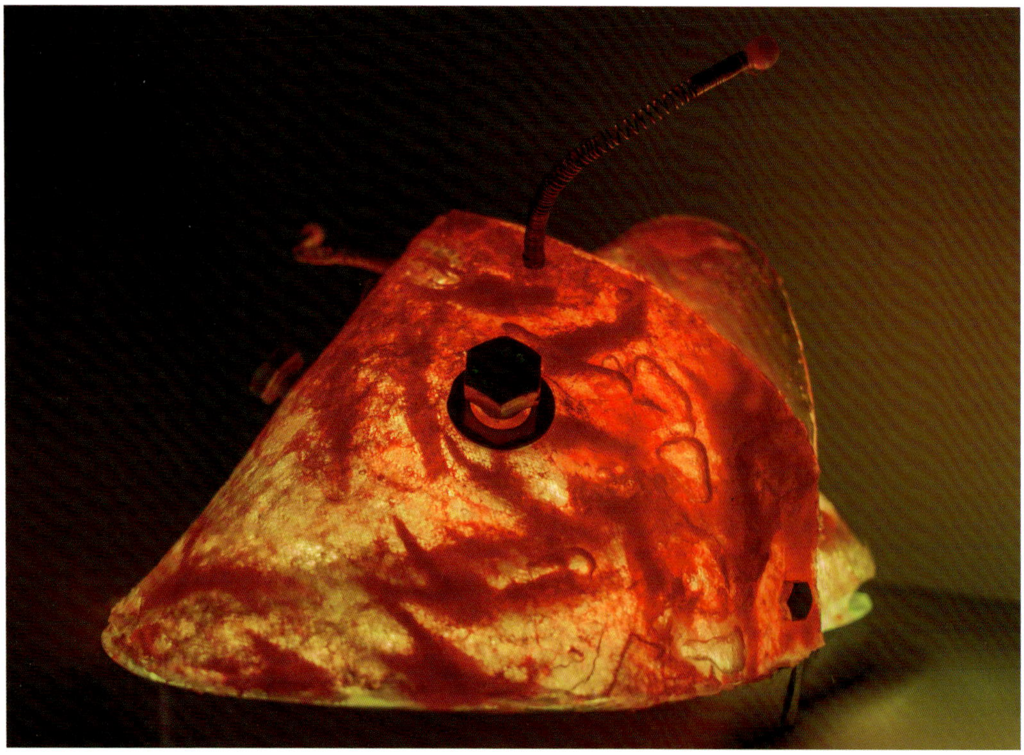
图 5-113

第五节　泡泡纸（蒋超宇、陈雅昕、刘学良）

一、发现材料

1. 头发

由树脂材料和回收的头发共同打造的产品，不仅具备卓越的韧性，难以轻易损坏，还展现出独特且引人注目的纹理效果。（图 5-114）

2. 纸木

由纸与木材精心合成的板材，提供了丰富多彩的颜色搭配，以满足用户与设计师的多样化选择需求。此外，该产品还具备出色的防水性能。（图 5-115）

3. 泡泡纸

泡泡纸，以高压聚乙烯为主要原料，辅以增白剂、开口剂等成分，历经约 230℃高温挤出吸塑工艺，精心制成内含气泡的独特产品。这种新型塑料包装材料，以其轻盈的质地、卓越的透明性、无毒无味的特性，成为市场上的热门选择。它能够为产品提供防湿、缓冲、保温等多重保护，常被称为“气泡垫”。泡泡纸的最大亮点在于其材质出色的柔软性、优异的透光性及高度的自由度，而收集成本则相对较低，进一步凸显了其经济实用的优势。（图 5-116）

4. 塑料大理石

塑料大理石是从垃圾分类设施中收集的家用塑料废料。随后，这些废料在洗涤与干燥之前，会根据塑料的颜色与类型进行严格分类。最后，经过预热处理，它们在烤箱中被均匀融化，以便进行压制成型。成型后，再进一步进行切割与磨砂处理。（图 5-117）

图 5-114

图 5-115

图 5-116

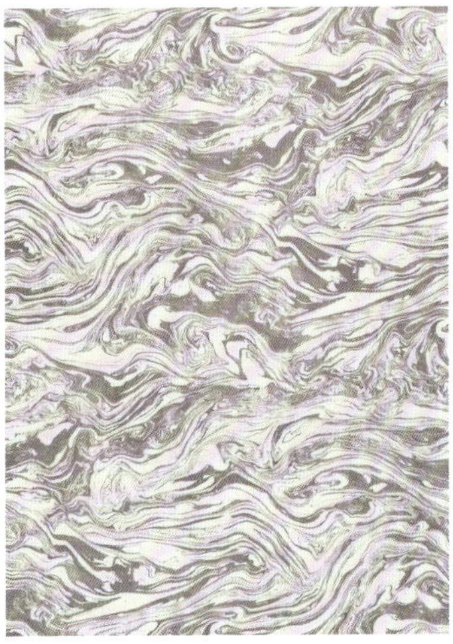

图 5-117

二、材料实验

泡泡纸材料的造型脱颖而出，辨识度极高。其材质呈现出良好的通透性，同时展现出极强的可塑性，能够满足多样化的使用需求。

1. 间隙的填充

在泡泡纸中，气泡与气泡之间所产生的间隙可用不同颜色的水或滴胶进行填充，从而形成色彩上的对比效果。再利用泡泡纸圆圈与圆圈之间的缝隙形成网状图案。（图 5-118 至图 5-120）

垫入双面泡泡纸并注入滴胶。（图 5-121 至图 5-126）

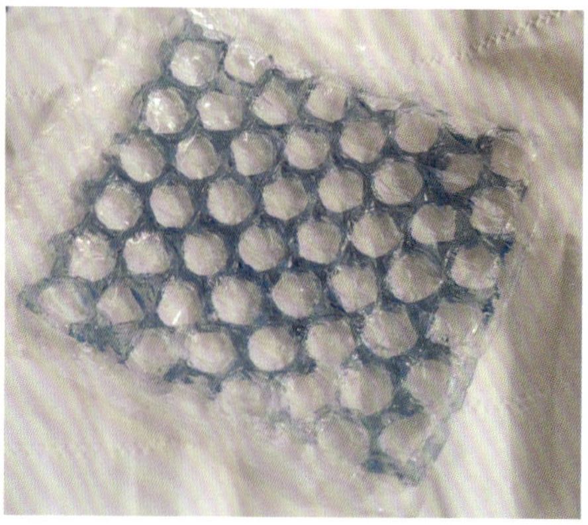

图 5-118

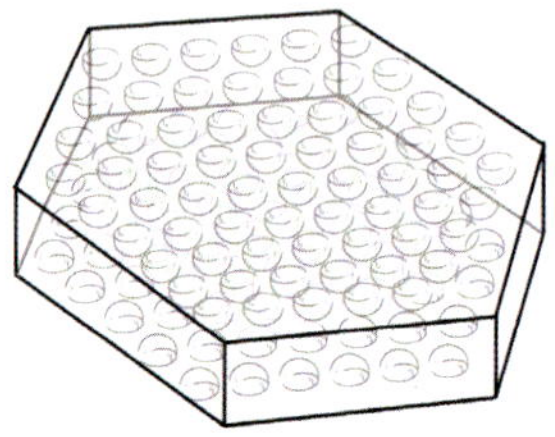

图 5-119

图 5-120

图 5-121

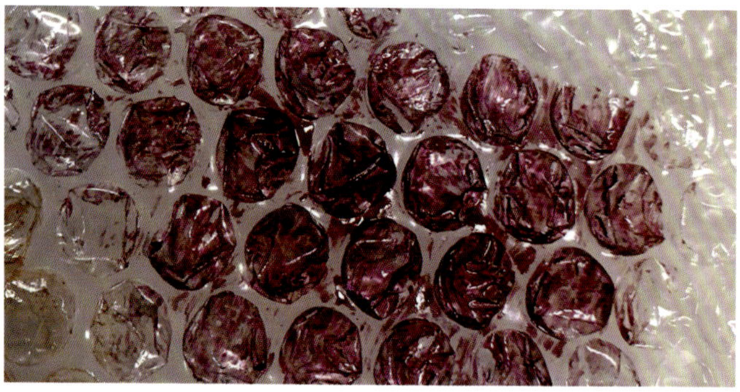

图 5-122

图 5-123

图 5-124

图 5-125

图 5-126

2. 流动的液体

在气状柱中注入不同颜色的液体，以及与之对应的流沙油，使其呈现颜色变化（图 5-127），通过在每个单独的泡泡纸洞中注入不同颜色的颜料形成泡泡纸颜色版（图 5-128、图 5-129）。再对泡泡纸进行上色，并对石膏和 AB 胶进行脱模。

图 5-127

图 5-128

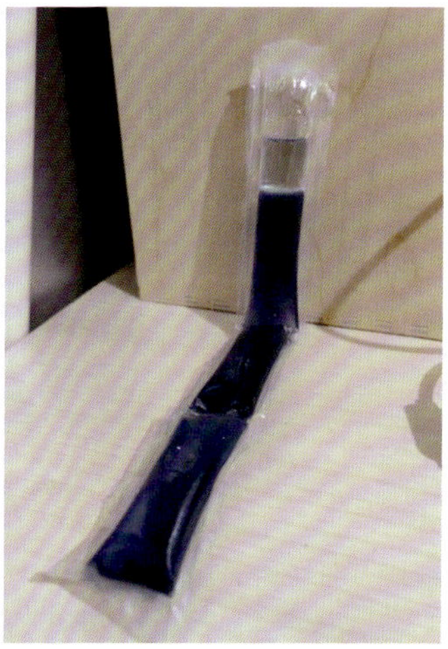

图 5-129

三、最终成品

1. 泡泡灯

利用材料的通透性及造型的独特性，将滴胶与泡泡纸结合后形成泡泡灯。（图 5-130）

2. 彩色流动液体凳

凳子两面都可以坐，在翻面的过程中，凳子里面的彩色液体也随之流动而产生变化。（图 5-131）

3. 方形凳

方形凳四面可坐，在翻动的同时凳子里面的液体也随之翻动而产生动感，像流沙一样。（图 5-132）

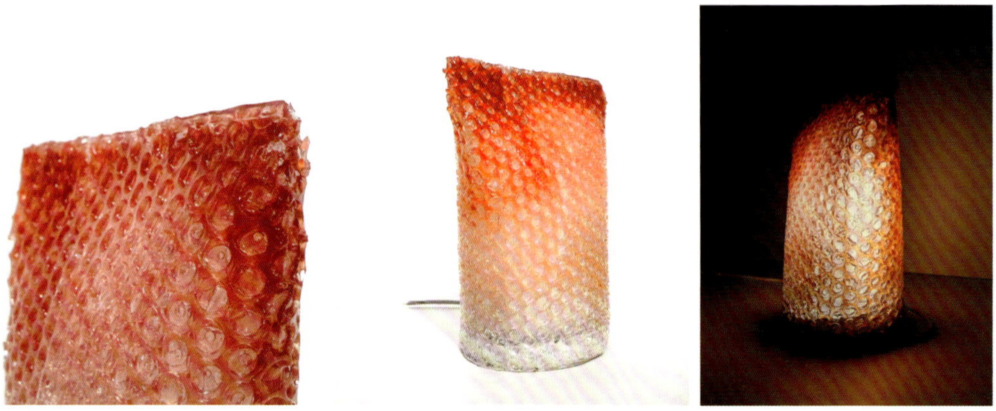

图 5-130

码 5-3 彩色流动液体凳

图 5-131

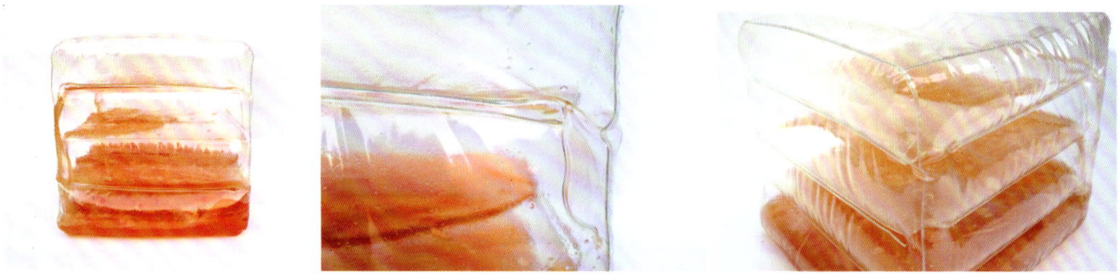

码 5-4 方形凳

图 5-132

第六节 海带（刘念、唐新）

一、发现材料

1. 海木耳

海木耳是一种海里的植物，因和木耳长得相似得名，其富含人体所需的多种营养成分，被日本人誉为“长寿菜”，被欧美等国称之为“海洋蔬菜之首”。（图 5-133）

2. 海带

海带是多年生大型食用藻类，藻体为长条扁平叶状体，褐绿色，有两条纵沟贯穿于叶片中部，形成中部带，一般长 1.5m—3m，宽 15cm—25cm，最长者可达 6m，宽可达 50cm。（图 5-134）

图 5-133

图 5-134

二、材料实验

海带在日常生活中比较常见，价格较低，且绿色环保，因此选用海带作为研究材料。

1. 洗净海带尾部盐分，并刷苏打粉去味，再自然阴干后铺平，以呈现塑料袋效果，其韧性很强。（图 5-135）

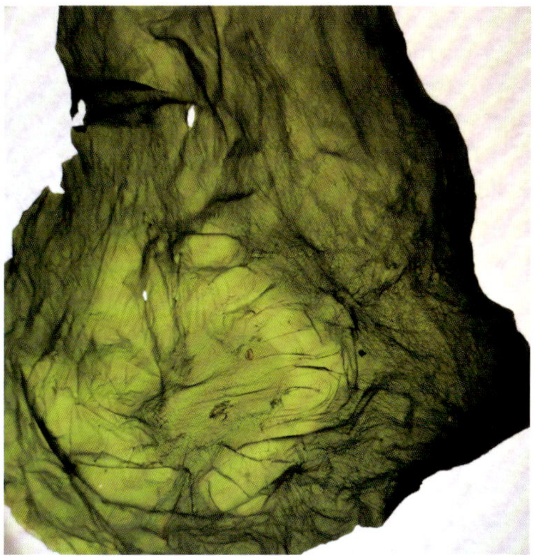

图 5-135

2. 海带中叶偏厚且呈棕黑色，将其做风干处理。（图 5-136、图 5-137）

3. 将整张海带在阳光下晒干定型。（图 5-138）

4. 将海带尾部的部分滴上胶水及漂白剂，其呈现出斑驳绿色，经处理后的海带透光性较好。（图 5-139）

5. 将海带尾部风干后再用线捆绑，随后依照扎染的技法，运用漂白剂与小苏打混合液进行处理，以达成部分外衣自然脱落的效果。（图 5-140）

图 5-136

图 5-137

图 5-138

图 5-139

图 5-140

6. 将尾部浸入漂白剂与苏打粉混合液中，随后自然阴干。（图 5-141）

7. 将海带尾部洗净后，放入含有漂白剂的溶液中，确保部分区域自然露出，以形成自然的绿色纹理。随后进行风干处理，直至其变得轻薄且透光。（图 5-142）

8. 经过部分漂白剂漂染处理后，再剪裁原片，形成堆积效果。（图 5-143）

9. 海带尾部经过漂白处理，呈现出独特的网格褶皱效果。（图 5-144）

图 5-141

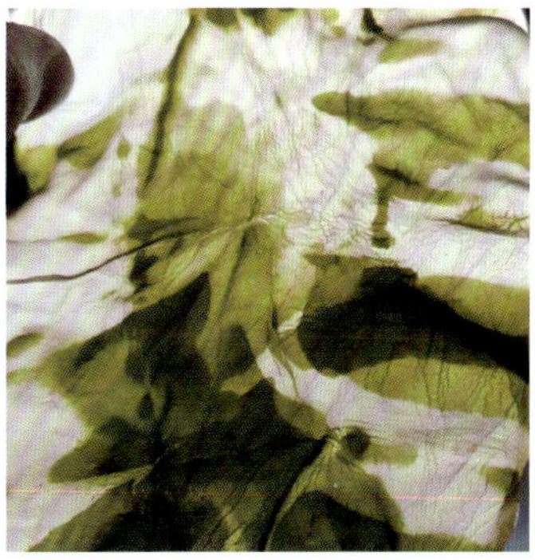
图 5-142

图 5-143

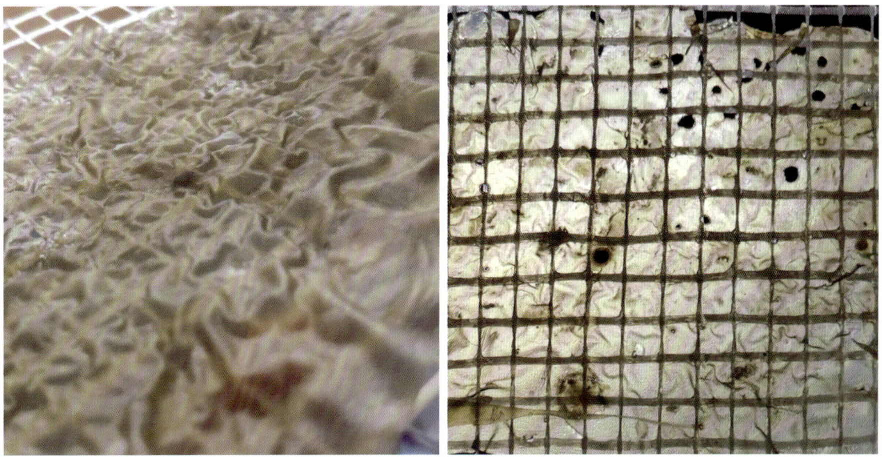
图 5-144

10. 海带漂白 1 小时、2 小时和 8 小时的效果。（图 5-145）
11. 干海带条缝合在硬衬上的效果。（图 5-146）
12. 全白黏合海带贴合于立体纸模，熨烫后展现的效果。（图 5-147）
13. 海带的透光效果。（图 5-148）

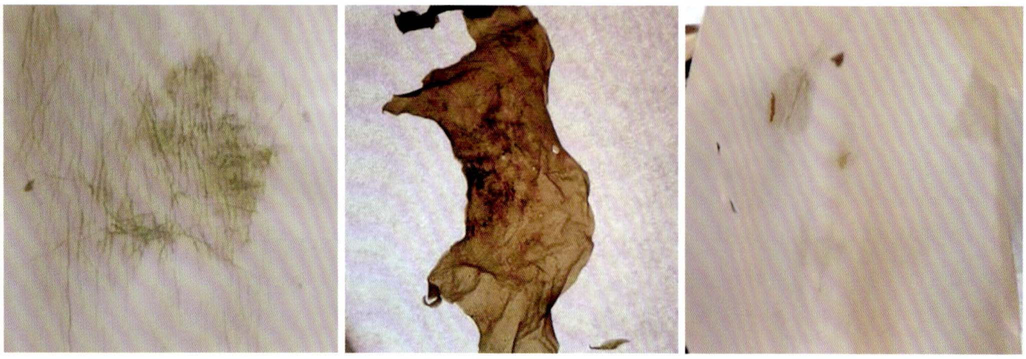
图 5-145

图 5-146

图 5-147

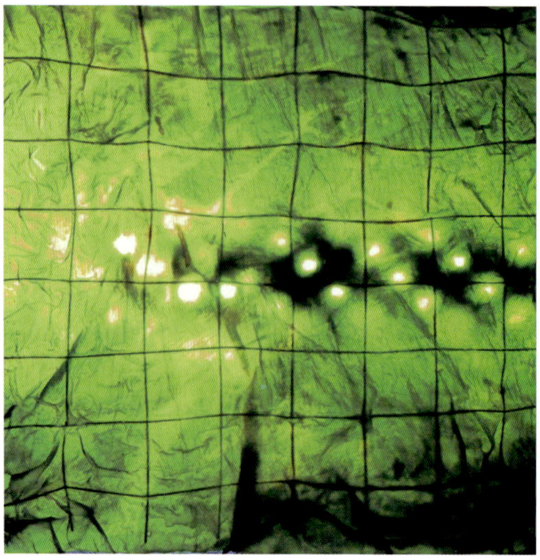
图 5-148

图 5-149

图 5-150

图 5-151

三、制作成品

1. 灯具类

将烤干的海带条缝合在布料上。（图 5-149）

2. 包包类

（1）将海带熨烫平整后，使用缝纫机将其缝合在布料上。（图 5-150）

（2）量好所需尺寸后，再将布料裁剪下来，随后缝制成包包，缝制好后再将海带熨烫上去。（图 5-151 至图 5-153）

图 5-152

图 5-153

四、最终成品（图 5-154 至图 5-156）

码 5-5 海带和藤制成的展馆

图 5-154

图 5-155

图 5-156

6

第 6 章

作品欣赏

通过第五章的课题训练，主要旨在培养学生的观察能力与动手能力。我们发现创意无处不在，它存在于生活的各个角落。仔细观察就会发现，生活中的很多材料都可用于创新设计。（图 6-1 至图 6-44）

图 6-1

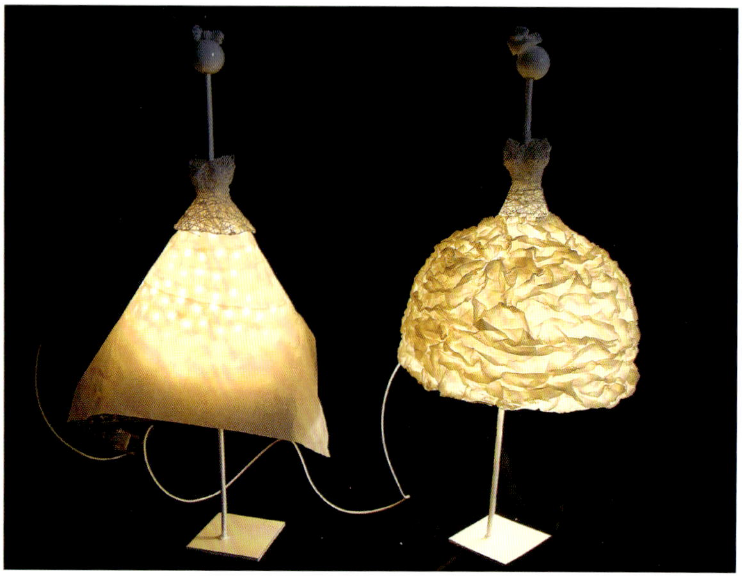

图 6-2

图 6-3

图 6-4

图 6-5

图 6-6

图 6-7

图 6-8

图 6-9

图 6-10

图 6-11

图 6-12

图 6-13

图 6-14

图 6-15

图 6-16

图 6-17

图6-18

图6-19

图6-20

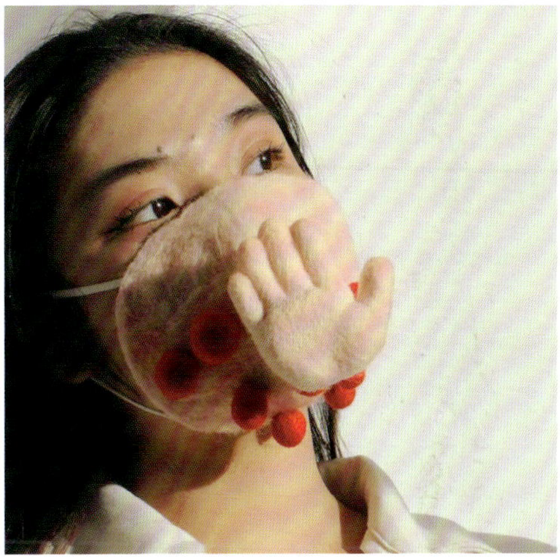

图6-21

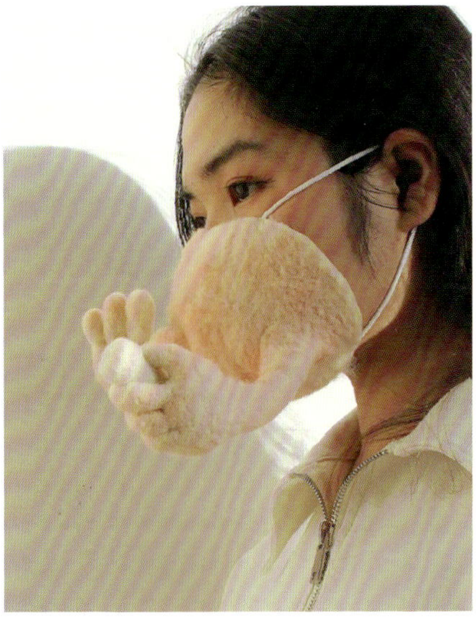

图6-22

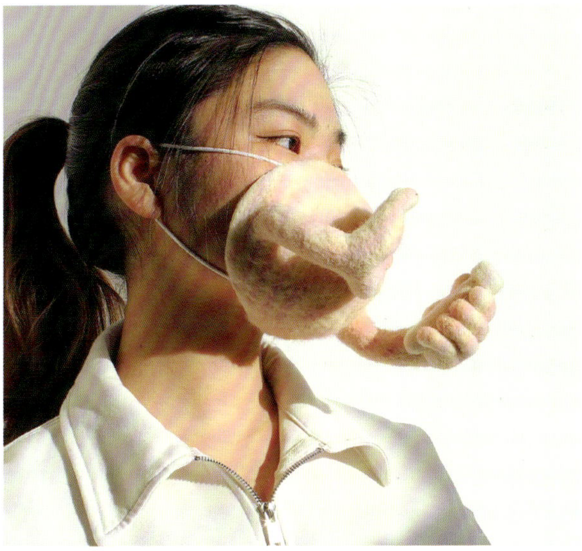

图6-23

图 6-24

图 6-25

图 6-26

图 6-27

图 6-28

图 6-29

图 6-30

图 6-31

图 6-32

图 6-33

图 6-34

图 6-35

图 6-36

图 6-37

图 6-38

图 6-39

图 6-40

图 6-41

图 6-42

图 6-43

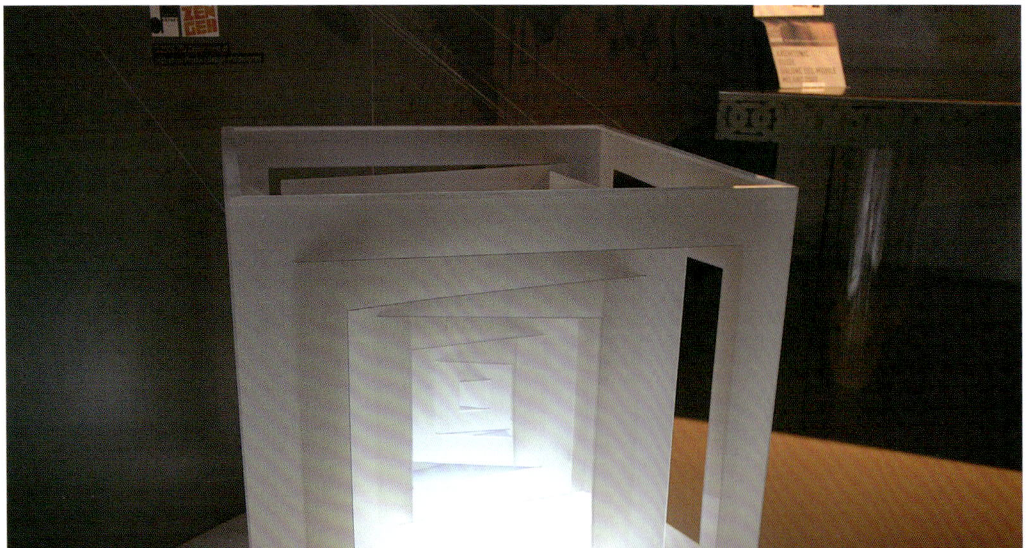

图 6-44

后记
POSTSCRIPT

2006年，我在给学生上课时做了一个课题——未来10年后我们的生活会是怎样的？通过不同的思维方法，大家脑洞大开，大胆地设想和设计了10年后的生活。一转眼，十几年过去了，当年他们设想的生活都成了现实，人工智能（AI）出现了，它不再是科幻电影中的桥段，而是以惊人的速度渗透到我们生活的每一个角落，悄然改变着我们的生活方式、工作模式及学习途径。设计师最终比拼的，不是谁会的软件更多、谁的作品更美观或谁更聪明，而是思维上的差异。思维不同，对生活的理解不同，看待设计的角度不同。想要成为具备创意思维的设计师，仅仅掌握设计技能是不够的。创意思维是融入设计师血液中的独特元素，是区别于其他人的关键所在。因此，创意思维随着AI的出现而变得更加重要。希望本书能带给读者一些小小的帮助。

最后，为本书出版给予关怀和帮助的朋友们表示衷心的感谢！

参考文献

REFERENCE

1. 怀特海 . 教育的目的 [M]. 徐汝舟，译 . 北京：生活 · 读书 · 新知 三联书店，2002.

2. 爱德华 · 德博诺 . 严肃的创造力 水平思考的工具与技巧 [M]. 北京：化学工业出版社，2017.

3. 东尼 · 博赞 . 思维导图：唤醒创造天才的 10 种方法 [M]. 周作宇，张学文，译 . 北京：外语教学与研究出版社，2005.

4. 林家阳 . 设计创新与教育 [M]. 北京：生活 · 读书 · 新知 三联书店，2002.

5. 梁良良 . 创新思维训练 [M]. 北京：新世界出版社，2009.

6. 赵东海，唐晓岚 . 挑战中国人的传统思维 [M]. 哈尔滨：哈尔滨出版社，2006.

7. 谭平 . 越位 设计：以承传的名义 [M]. 成都：四川美术出版社 , 2005.

8. 杨裕富 . 创意活力 产品设计方法论 [M]. 长春：吉林科学技术出版社 , 2004.

9. 江杉 . 产品创新设计 [M]. 北京：北京理工大学出版社 , 2009.

10. 简召全 . 工业设计方法学 第 3 版 [M]. 北京：北京理工大学出版社 , 2011.

11. 宿春礼，杜延起 . 开启青少年智慧的 150 个创意故事 [M]. 北京：石油工业出版社，2006.

12. 何晓佑 . 设计问题 [M]. 北京：中国建筑工业出版社，2003.

13. 陈立勋 . 设计的张力 设计思维与方法 [M]. 北京：中国建筑工业出版社 , 2012.

14. 蒂娜 · 齐莉格 . 斯坦福大学最受欢迎的创意课 [M]. 秦许可，译 . 吉林：吉林出版集团有限责任公司 , 2013.

15. 蒂姆 · 布朗 . IDEO，设计改变一切 [M]. 侯婷，何瑞青，译 . 沈阳：万卷出版公司，2011.

16. 文森特 · 赖安 · 拉吉罗 . 思考的艺术 第 10 版 [[M]. 金盛华，李红霞，邹红，等，译 . 北京：机械工业出版社 , 2010.

17. 保罗 · Z. 杰克逊 . 58 1/2 即兴培训游戏 [M]. 王德伦，张春明，译 . 北京：国际文化出版公司，2005.

18.NIGELCROSS. 设计师式认知 [M]. 任文永，陈实，译 . 武汉：华中科技大学出版社，2013.